Lettres à un français sur la crise actuelle

1870

MICHEL BAKOUNINE

TABLE DES MATIERES

LETTRES À UN FRANÇAIS

Lettre I [1]

1er septembre 1870.

Mon cher ami,

Les derniers événements ont placé la France dans une telle position, qu'elle ne peut plus être sauvée d'un long et terrible esclavage, de la ruine, de la misère, de l'anéantissement, que par une levée en masse du peuple armé.

Votre armée principale étant détruite, - et cela ne fait plus de doute aujourd'hui, - il ne reste à la France que deux issues :

Ou bien se soumettre honteusement, lâchement, au joug insolent des Prussiens, se courber sous le bâton de Bismarck et de tous ses lieutenants poméraniens ; abandonner au despotisme militaire du futur empereur d'Allemagne l'Alsace et la Lorraine, qui ne veulent pas être allemandes ; payer trois milliards d'indemnités, sans compter les milliards que vous aura coûtés cette guerre désastreuse ; accepter de la main de Bismarck un gouvernement, un ordre public écrasant et ruineux, avec la dy |4 nastie des Orléans ou des Bourbons, revenant encore une fois en France à la suite des armées étrangères ; se voir pour une dizaine ou une vingtaine d'années réduite à l'état misérable de l'Italie actuelle, opprimée et comprimée par un vice-roi qui administrera la France sous la férule de la Prusse, comme l'Italie a été jusqu'ici administrée sous la férule de la France ; accepter, comme une conséquence nécessaire, la ruine du commerce et de l'industrie nationale, sacrifiés au commerce et à l'industrie de l'Allemagne ; voir enfin s'accomplir la déchéance intellectuelle et morale de toute la nation ;

5

Ou bien, pour éviter cette ruine, cet anéantissement, donner au peuple français les moyens de se sauver lui-même.

Eh bien, mon ami, je ne doute pas que tous les hommes titrés et bien rentés de la France, à très peu d'exceptions près, que l'immense majorité de la haute et de la moyenne bourgeoisie ne consentent à ce lâche abandon de la France, plutôt que d'accepter son salut par le soulèvement populaire. En effet, le soulèvement populaire, c'est la révolution sociale, c'est la chute de la France privilégiée. La crainte de celte révolution les a jetés, il y a vingt ans, sous la dictature de Napoléon III ; elle les jettera aujourd'hui sous le sabre de Bismarck et sous la verge constitutionnelle et parlementaire des Orléans. La liberté populaire leur cause une peur si affreuse, que pour l'éviter ils accepteront facilement toutes les hontes, consentiront à toutes les lâchetés, - dussent même ces lâchetés les ruiner plus tard, pourvu qu'elles les servent maintenant.

Oui, toute la France officielle, toute la France bourgeoise et privilégiée conspire pour les Orléans, conspire par conséquent contre le peuple. Et les puissances européennes voient la chose de bon œil. Pourquoi ? Parce que chacun sait bien que si la France essaie de se sauver par un formidable soulèvement populaire, ce serait |5 le signal du déchaînement de la révolution dans toute l'Europe.

Pourquoi donc la restauration des Orléans n'est-elle pas encore un fait accompli ? Parce que la dictature collective et évidemment réactionnaire de Paris se trouve en ce moment forcément impuissante. Napoléon III et l'empire sont déjà tombés, mais toute la machine impériale continue à fonctionner ; et ils n'osent rien y changer, parce que changer tout cela, c'est proclamer la révolution, et proclamer la révolution c'est justement provoquer ce qu'ils veulent éviter.

Lettre II

5 septembre.

[2] Voilà l'empereur prisonnier et la république proclamée à Paris, avec un gouvernement provisoire.

La situation intérieure de la France a-t-elle changé pour cela ? Je ne le pense pas ; et les réflexions que je m'apprêtais à vous communiquer sur l'impuissance de l'empire n'ont rien perdu de leur vérité et de leur actualité, en les appliquant au gouvernement qui vient de se constituer par la fusion de la gauche républicaine et de la gauche orléaniste.

[3] Je suppose que les membres de ce gouvernement animés du désir très sincère de sauver la patrie ; ce n'est pas en essayant de se servir de lapuissance d'action du mécanisme administratif, devant laquelle l'incorrigible Thiers s'est encore émerveillé dans la séance du 26 août, ce

n'est pas, dis-je, en suivant la vieille routine gouvernementale qu'il pourront faire quelque chose de bon ; toute cette machine administrative, s'ils veulent sérieusement chercher le salut de la France dans le peuple, ils |6 seront obligés de la briser, et, conformément aux propositions d'Esquiros, de Jouvencel, et du général Cluseret, de rendre l'initiative de l'action à toutes les communes révolutionnaires de la France, délivrées de tout gouvernement centralisateur et de toute tutelle, et par conséquent appelées à former une nouvelle organisation en se fédérant entre elles pour la défense.

[4] J'exposerai en quelques mots mes preuves à l'appui.

Le gouvernement provisoire ne peut, même dans les circonstances les plus favorables pour lui :

Ni réformer constitutionnellement le système de l'administration actuelle ;

Ni en changer complètement, ou même d'une manière un peu sensible, le personnel.

Les réformes constitutionnelles ne peuvent se faire que par une Constituante quelconque, et il n'est pas besoin de démontrer que la convocation d'une Constituante est une chose impossible dans ce moment où il n'y a pas une semaine, pas un jour à perdre. Quant au changement du personnel, pour l'effectuer d'une manière sérieuse, il faudrait pouvoir trouver en peu de jours cent mille fonctionnaires nouveaux, avec la certitude que ces nouveaux fonctionnaires seront plus intelligents, plus énergiques et plus honnêtes que les fonctionnaires nouveaux, avec la certitude que ces nouveaux fonctionnaires seront plus intelligents, plus énergiques et plus honnêtes que les fonctionnaires actuels. Il suffit d'énoncer cette exigence pour voir que sa réalisation est impossible.

Il ne reste donc au gouvernement provisoire que deux alternatives : ou bien [de [5]] se résigner à se servir de cette administration essentiellement bonapartiste, et qui sera entre ses mains une arme empoisonnée contre lui-même et contre la France ; ou bien de briser cette machine gouvernementale, sans même essayer de la remplacer par une autre, et de rendre la liberté d'initiative la plus complète à toutes les provinces, à toutes les communes de France, ce qui équivaut à la dissolution de l'État actuel.

Mais en détruisant la machine administrative, les hom |7 mes de la gauche se priveront du seul moyen qu'ils avaient de gouverner la France. Paris ayant de la sorte perdu le commandement officiel, l'initiative par décrets, ne conservera plus que l'initiative de l'exemple qu'il pourra donner en se mettant à la tête de ce mouvement national.

Paris est-il capable, par l'énergie de ses résolutions, de jouer ce rôle ? Non ; Paris est trop absorbé par l'intérêt de sa propre défense pour pouvoir diriger et organiser le mouvement national de la France. Paris assiégé se transformera en un immense camp ; toute sa population ne formera plus qu'une armée, disciplinée par le sentiment du danger : mais une armée ne raisonne pas, n'agit pas comme une force dirigeante et organisatrice, - elle se bat.

La seule et meilleure chose que Paris puisse faire dans l'intérêt de son propre salut et de celui de la France entière, c'est de proclamer et de provoquer l'absolue indépendance et spontanéité des mouvements provinciaux, - et si Paris oublie et néglige de le faire, pour quelque raison que ce soit, le patriotisme commande aux provinces de se lever et de s'organiser spontanément et indépendamment de Paris.

Ce soulèvement des provinces est-il encore possible ? Oui, si les ouvriers des grandes cités provinciales, Lyon, Marseille, Saint-Étienne, Rouen, et beaucoup d'autres, ont du sang dans les veines, de l'énergie dans le cœur et de la force dans les bras, s'ils sont des hommes vivants et non des doctrinaires socialistes.

Il ne faut pas compter sur la bourgeoisie. Les bourgeois ne voient et ne comprennent rien en dehors de l'État et des moyens réguliers de l'État. Le maximum de leur idéal, de leur imagination et de leur héroïsme, c'est l'exagération révolutionnaire de la puissance et de l'action de l'État au nom du salut public. Mais j'ai déjà démontré que |8 l'action de l'État, à cette heure et dans les circonstances actuelles, loin de sauver la France, ne peut que la tuer [6].

[7] Croyez-vous peut-être à une alliance entre la bourgeoisie et le prolétariat, au nom du salut national ? C'est le programme que Gambetta a exposé dans sa lettre au Progrès de Lyon,et je pense bien faire de vous dire mon opinion sur cette fameuse lettre.

[8] Je n'ai jamais tenu grand compte de Gambetta, mais j'avoue que cette lettre me l'a montré encore plus insignifiant et plus pâle que je ne me l'étais imaginé. Il a pris tout à fait au sérieux son rôle de républicain modéré, sage, raisonnable, et dans un moment où la France croule et périt et où elle ne pourra être sauvée que si tous les Français ont vraiment le diable au corps, M. Gambetta trouve le temps et l'inspiration nécessaire pour écrire une lettre dans laquelle il commence par déclarer qu'il se propose « de tenir dignement le rôle d'opposition démocratique gouvernementale. » Il parle du « programme à la fois républicain et conservateur qu'il s'est tracé depuis 1869, » celui « de faire prédominer la politique tirée du suffrage universel, » (mais alors c'est celle duplébiscite de Napoléon III) « de prouver que dans les circonstances actuelles, la république est désormais la condition même du salut pour la France et de l'équilibre européen ; - qu'il n'y a plus de sécurité, de paix, de progrès que dans les institutions républicaines sagement pratiquées (comme en Suisse probablement !) ; - « qu'on ne peut gouverner la France contre les classes moyennes, et qu'on ne peut la diriger sans maintenir une généreuse alliance avec le prolétariat » (généreuse de la part de qui ? de la bourgeoisie sans doute.) « La forme républicaine permet seule

une harmonieuse conciliation entre les justes aspirations des travailleurs et le respect des droits sacrés de la propriété. Le juste-milieu est une politique surannée. Le cé |9 sarisme est la plus ruineuse, la plus banqueroutière des solutions. Le droit divin est définitivement aboli. Le jacobinisme est désormais une parole ridicule et malsaine.Seule, la démocratie rationnelle et positiviste (entendez-vous le charlatan !) peut tout concilier, tout organiser, tout féconder (Voyons comment ?). 1789 a posé les principes (pas tous, bien loin de là ; les principes de la liberté bourgeoise, oui ; mais ceux de l'égalité, ceux de la liberté du prolétariat, non) ; 1792 les a fait triompher (et c'est pour cela sans doute que la France est si libre !) ; 1848 leur a donné la sanction du suffrage universel (en juin, sans doute.) C'est à la génération actuelle qu'il convient de réaliser la forme républicaine (comme en Suisse), et de concilier, sur les bases de la justice (de la justice juridique évidemment) et du principe électif, les droits du citoyen et les fonctions de l'État, dans une société progressive et libre. Pour atteindre ce but, il faut deux choses : supprimer la peur des uns et calmer les défiances des autres ; amener la bourgeoisie à l'amour de la démocratie, et le peuple à la confiance dans ses frères aînés. » (Pourquoi donc pas à la confiance dans la noblesse, qui est encore plus aînée que la bourgeoisie ?)

[9] Non, les espérances de M. Gambetta sont des illusions. De quel doit la bourgeoisie demanderait-elle au peuple d'avoir confiance en elle ? C'est elle qui a déchaîné la guerre sur la France, par ses lâches complaisances pour le pouvoir ; et le peuple, qui le comprend, comprend aussi que c'est à lui-même de prendre maintenant en main les affaires de la patrie.

[10] Il se trouvera sans doute, dans la classe bourgeoise, un nombre considérable de jeunes gens, qui, poussés par le désespoir du patriotisme, entreront de cœur dans le mouvement populaire qui doit sauver la France ; mais il ne leur sera pas possible d'entraîner avec eux la bourgeoisie tout entière, et de lui donner cette audace, |10 cette énergie, cette intelligence de la situation qui lui fait défaut.

Je pense qu'à cette heure, en France, il n'y a que deux classes qui soient capables de ce mouvement suprême qu'exige le salut de la patrie : ce sont lesouvriers et les paysans.

Ne vous étonnez pas que je parle des paysans. Les paysans ne pèchent que par ignorance, non par manque de tempérament. N'ayant pas abusé ni même usé de la vie, n'ayant pas subi l'action délétère de la civilisation bourgeoise, qui n'a pu que les effleurer à peine à la surface, ils ont conservé tout le tempérament énergique, toute la nature du peuple. La propriété, l'amour et la jouissance non des plaisirs mais du gain, les ont rendus considérablement égoïstes, c'est vrai, mais n'ont pas diminué leur haine instinctive contre ceux qui jouissent des fruits de la terre sans les produire par le travail de leur bras. D'ailleurs le paysan est foncièrement patriotique, national, parce qu'il a le culte de la terre, une véritable passion pour la terre, et il fera une guerre à mort aux envahisseurs étrangers qui viendront le chasser de son champ.

Mais, pour gagner le paysan, il faudra user à son égard d'une grande prudence [11]. S'il est vrai que le paysan hait l'envahisseur du sol, qu'il hait aussi les beaux Messieurs qui le grugent, il ne hait pas moins, malheureusement, les ouvriers des villes.

[12] Voilà le grand malheur, voilà le grand obstacle à la révolution. L'ouvrier méprise le paysan, le paysan lui rend son mépris en haine. Et cependant, entre ces deux grandes moitiés du peuple, il n'y a en réalité aucun intérêt contraire, il n'y a qu'un immense et funeste malentendu, qu'il faut faire disparaître à tout prix.

Le socialisme plus éclairé, plus civilisé et par là même en quelque sorte plus bourgeois et plus doctrinaire |11 des villes, méconnaît et méprise le socialisme primitif, naturel et beaucoup plus sauvage des campagnes. Le paysan de son côté considère l'ouvrier comme le valet ou comme le soldat du bourgeois, et il le déteste comme tel, au point de devenir lui-même le serviteur et le soldat de la réaction.

Puisque cet antagonisme fatal ne repose que sur un malentendu, il faut que l'une des deux parties prenne l'initiative de l'explication et de la conciliation. L'initiative appartient naturellement à la partie la plus éclairée, c'est-à-dire aux ouvriers des villes.

J'examinerai, dans ma prochaine lettre, quels sont les griefs des ouvriers contre les paysans, griefs dont il importe que les ouvriers se rendent bien compte à eux-mêmes, s'ils veulent travailler sérieusement à une conciliation.

Lettre III

6 septembre.

[13] Les griefs principaux des ouvriers contre les paysans peuvent se réduire à trois :

Le premier, c'est que les paysans sont ignorants, superstitieux et bigots, et qu'ils se laissent diriger par les prêtres ;

Le second, c'est qu'ils sont dévoués à l'empereur ;

Le troisième, c'est qu'ils sont des partisans forcenés de la propriété individuelle.

Il est vrai que les paysans français sont parfaitement ignorants ; mais est-ce leur faute ? Est-ce qu'on leur a jamais songé à les instruire ? Est-ce une raison de les mépriser et de les maltraiter ? Mais à ce compte, les bourgeois, qui sont incontestablement plus savants que les ouvriers, au |13 raient le droit de mépriser et de maltraiter ces derniers ; et nous connaissons bien des bourgeois qui le disent, qui fondent sur cette supériorité d'instruction leur droit à la domination et qui en déduisent pour les ouvriers le devoir de subordination. Ce qui fait la grandeur des ouvriers vis-à-vis des bourgeois, ce n'est pas leur instruction, qui est petite, c'est leur instinct de la justice, qui est incontestablement grand. Mais cet instinct de la justice manque-t-il aux paysans ? Regardez-les bien : sous des formes sans doute différentes, vous l'y retrouverez tout entier. Vous trouverez en eux, à côté de leur ignorance, un profond bon sens, une admirable finesse, et cette énergie de travail qui constitue l'honneur et le salut du prolétariat.

Les paysans, dites-vous, sont superstitieux et bigots, et ils se laissent diriger par les prêtres. - Leur superstition est le produit de leur ignorance, artificieusement et systématiquement entretenue par tous les gouvernements bourgeois. Et d'ailleurs ils ne sont pas du tout aussi superstitieux et bigots que vous voulez bien le dire : ce sont leurs femmes qui le sont. Mais toutes les femmes des ouvriers sont-elles bien libres vraiment des superstitions et des doctrines de la religion catholique et romaine ? Quant à l'influence et à la direction des prêtres, ils ne les subissent qu'en apparence seulement, autant que le réclame la paix intérieure, et autant qu'ils ne contredisent pas leurs intérêts. Cette superstition ne les a point empêchés, après 1789, d'acheter les terres de l'Église, confisquées par l'État, malgré la malédiction qui avait été lancée par l'Église autant contre les acheteurs que contre les vendeurs. D'où il résulte que pour tuer définitivement l'influence des prêtres dans les campagnes, la révolution n'a à faire qu'une seule chose : c'est de mettre en contradiction les intérêts des paysans avec ceux de l'Église.

|13 J'ai entendu avec peine, non seulement des jacobins révolutionnaires, mais des socialistes qui ont subi indirectement l'influence de cette école, avancer cette idée complètement anti-révolutionnaire qu'il faudra que la future république abolisse par décret tous les cultes publics et ordonne également par décret l'expulsion violente de tous les prêtres. D'abord, je suis l'ennemi absolu de la révolution par décrets qui est une conséquence et une application de l'idée de l'État révolutionnaire, c'est-à-dire de la réaction se cachant derrière les apparences de la révolution. Au système des décrets révolutionnaires, j'oppose celui des faits révolutionnaires, le seul efficace, conséquent et vrai, en dehors de l'intervention d'une violence officielle et autoritaire quelconque.

Ainsi, dans cet exemple, si par malheur on voulait ordonner par décrets l'abolition des cultes et l'expulsion des prêtres, vous pouvez être sûrs que les paysans les moins religieux prendront parti pour le culte et pour les prêtres, ne fût-ce que par esprit de contradiction, et parce qu'un sentiment légitime, naturel, base de la liberté, se révolte en tout homme contre toute mesure imposée, eût-elle même la liberté pour but. On peut donc être certain, que si les villes commettaient la sottise de décréter l'abolition des cultes et l'expulsion des prêtres, les campagnes, prenant parti pour les prêtres, se révolteraient contre les villes, et deviendraient un instrument terrible entre les mains de la réaction. Mais faut-il donc laisser les prêtres et leur puissance debout ? Pas du tout. Il faut les combattre de la manière la plus énergique, - non pas en qualité de ministres de la religion catholique et romaine, mais parce qu'ils ont été les soutiens les plus efficaces de ce déplorable régime impérial qui a appelé sur la France les calamités de la guerre ; parce qu'en persuadant le peuple de voter pour l'empe | 14 reur, et en lui promettant qu'il aurait à cette condition la paix et la sécurité, ils ont trompé le peuple, et ils sont par conséquent des intrigants et des traîtres [14].

[15] La principale raison pourquoi toutes les autorités révolutionnaires du monde ont toujours fait si peu de révolution, c'est qu'elle ont voulu toujours la faire par elles-mêmes, par leur propre autorité et par leur propre puissance, ce qui n'a jamais manqué d'aboutir à deux résultats : d'abord de rétrécir excessivement l'action révolutionnaire, car il est impossible même pour l'autorité révolutionnaire la plus intelligente, la plus énergique, la plus franche, d'étreindre beaucoup de questions et d'intérêts à la fois, toute dictature, tant individuelle que collective, en tant que formée d'un ou plusieurs personnages officiels, étant nécessairement très bornée, très aveugle, et incapable ni de pénétrer dans les profondeurs, ni d'embrasser toute la largeur de la vie populaire, - aussi bien qu'il est impossible pour le plus puissant vaisseau de mesurer la profondeur et la largeur de l'océan ; et ensuite, de soulever des résistances, parce que tout acte d'autorité et de puissance officielle, légalement imposée, réveille nécessairement dans les masses un sentiment de révolte, la réaction.

Que doivent donc faire les autorités révolutionnaires, - et tâchons qu'il y en ait aussi peu que possible - que doivent-elles faire pour étendre et pour organiser la révolution ? Elles doivent non la faire elles-mêmes par des décrets, non l'imposer aux masses, mais la provoquer dans les masses. Elles doivent non leur imposer une organisation quelconque, mais, en suscitant leur organisation autonome de bas en haut, travailler à l'aide de l'influence individuelle sur les hommes les plus intelligents de chaque localité, pour que cette organisation soit autant que possible conforme aux vrais principes. Tout le secret de la réussite est là.

| 15 Que ce travail rencontre d'immenses difficultés, qui peut en douter ? Mais qu'en pense-t-on que la révolution soit un jeu d'enfants, et qu'on puisse la faire sans vaincre des difficultés innombrables ? Les révolutionnaires socialistes de nos jours n'ont rien ou presque rien à imiter de tous les procédés révolutionnaires des Jacobins de 1793. La routine révolutionnaire les perdrait. Ils doivent travailler dans le vif, ils doivent tout créer.

Je reviens aux paysans.

[16] Les prétendues sympathies bonapartistes des paysans français, qui constituent un autre grief des ouvriers contre eux, ne m'inquiètent pas du tout. C'est un symptôme superficiel de l'instinct socialiste, dévoyé par l'ignorance et exploité par la malveillance, une maladie de peau qui ne saurait résister aux remèdes héroïques du socialisme révolutionnaire ; c'est une expression négative de leur haine pour les beaux Messieurs et pour les bourgeois des villes. Les paysans ne donneront ni leur terre, ni leur argent, ni leur vie pour Napoléon III, mais ils lui donneront volontiers la vie et le bien des autres, parce qu'ils détestent les autres, et parce qu'on leur a fait voir dans Napoléon l'empereur des paysans, l'ennemi de la bourgeoisie. Et remarquez que dans cette déplorable affaire, où les paysans d'une commune de la Dordogne ont égorgé et brûlé un jeune et noble propriétaire, la dispute a commencé par ces mots prononcés par un paysan : « Ah ! vous voilà, beau Monsieur ; vous restez vous-même tranquillement à la maison, parce que vous êtes riche, et vous envoyez les pauvres gens à la guerre. Eh bien, nous allons chez nous, qu'on vienne nous y chercher. » Dans ces paroles, on peut voir la vive expression de la rancune héréditaire du paysan contre le propriétaire riche, mais nullement le désir fanatique de se sacrifier et d'aller se | 16 faire tuer pour l'empereur ; au contraire, le désir tout-à-fait naturel d'échapper au service militaire.

[17] Du reste, dans les villages où l'amour de l'empereur a passé à l'état de culte et d'habitude passionnée, - s'il s'en trouve, - il n'y a même pas besoin de parler de l'empereur. Il faut ruiner la superstition bonapartiste dans les faits, en ruinant la machine administrative, en ruinant l'influence des hommes qui entretenaient le fanatisme impérial, mais sans rien dire contre l'empereur lui-même. C'est le vrai moyen de réussir, le moyen que je vous ai recommandé déjà contre les prêtres.

[18] Le dernier et principal argument des ouvriers des villes contre les paysans, c'est la cupidité de ces derniers, leur grossier égoïsme et leur attachement passionné à la propriété individuelle de la terre.

Les ouvriers qui leur reprochent tout cela devraient se demander d'abord : et qui n'est point égoïste ? Qui dans la société actuelle n'est point cupide, dans ce sens qu'il tient avec fureur au peu de bien qu'il a pu amasser et qui lui garantit, dans l'anarchie économique actuelle et dans cette société qui est sans pitié pour ceux qui meurent de faim, son existence et l'existence des siens ? Les paysans ne sont pas communistes, il est vrai ; ils redoutent, ils haïssent les partageux, parce qu'ils ont quelque chose à conserver, au moins en imagination, et l'imagination est une grande puissance dont généralement on ne tient pas assez compte dans la société. Les ouvriers, dont l'immense majorité ne possède rien, ont infiniment plus de propension au communisme, que les paysans ; rien de plus naturel : le communisme des uns et aussi naturel que l'individualisme des autres - il n'y a pas là de quoi se vanter, ni mépriser les autres - les uns comme les autres étant avec toutes leurs idées et toutes leurs passions, les produits de milieux différents qui les ont |17 engendrés. Et encore, les ouvriers eux-mêmes sont-ils tous communistes ?

Il ne s'agit donc pas d'en vouloir aux paysans, ni de les dénigrer, il s'agit d'établir une ligne de conduite révolutionnaire qui tourne la difficulté qui non seulement empêcherait l'individualisme des paysans de les pousser dans le parti de la réaction, mais qui au contraire, s'en servirait pour faire triompher la révolution.

En dehors du moyen que je propose, il n'en existe qu'un seul : le terrorisme des villes contre les campagnes. Or, je l'ai dit, et je ne puis trop le répéter : ceux qui se serviront d'un moyen semblable tueront la révolution au lieu de la faire triompher ; il faut absolument renoncer à cette vieille arme de la terreur, de la violence organisée par l'État, arme empruntée à l'arsenal du jacobinisme ; elle n'aboutirait qu'à rejeter dans le camp de la réaction les dix millions de paysans français.

Heureusement - je dis heureusement - les défaites de la France ne lui permettent pas de songer un seul moment au terrorisme, au despotisme de l'État révolutionnaire. Et sans cela, il est plus que probable que beaucoup de socialistes, imbus des préjugés jacobins, auraient voulu essayer de la force pour imposer leur programme. Ils auraient, par exemple, convoqué une Convention composée des députés des villes : cette Convention aurait voulu imposer par décret le collectivisme aux campagnes ; les campagnes se seraient soulevées, et pour les réduire, il aurait fallu recourir à une immense force armée. Cette armée, forcément soumise à la discipline militaire, aurait eu des généraux, probablement ambitieux ; - et voilà toute la machine de l'État se reconstituant pièce à pièce. La machine reconstituée, ils auraient bientôt eu le machiniste, le dictateur, l'empereur. Tout cela leur serait infailliblement arrivé, parce que c'est la logique même des choses.

|18 Par bonheur, aujourd'hui, les événements eux-mêmes forceront bien les ouvriers d'ouvrir les yeux et de renoncer à ce système fatal. Ils devraient être fous pour vouloir faire, dans les circonstances présentes, du terrorisme dans les campagnes. Si les campagnes se soulevaient maintenant contre les villes, les villes et la France avec elles seraient perdues. Les ouvriers le sentent, et c'est là en partie ce qui m'explique l'apathie, l'inertie incroyable des populations ouvrières dans la plupart des grandes villes de France.

En effet, les ouvriers se trouvent en ce moment complètement déroutés et abasourdis par la nouveauté de la situation. Jusqu'ici, il n'y a guère eu que leurs souffrances qu'ils connussent par expérience personnelle ; tout le reste, leur idéal, leurs espérances, leurs imaginations politiques et sociales, leurs plans et projets pratiques, rêvés plutôt que médités pour un prochain avenir, - tout cela ils l'ont pris beaucoup plus dans les livres, dans les théories courantes et sans cesse discutées, que dans une réflexion basée sur l'expérience de la vie. De leur existence et de leur expérience journalière, ils ont fait continuellement abstraction, et ils ne sont point habitués à y puiser leurs inspirations, leur pensée. Leur pensée s'est nourrie d'une certaine théorie acceptée par tradition, sans critique, mais avec pleine confiance, et cette théorie n'est autre chose que le système politique des Jacobins, modifié plus ou moins à l'usage des socialistes. Maintenant, cette théorie de la révolution a fait banqueroute, sa base principale, l'État, la puissance de l'État, ayant croulé. Dans les circonstances actuelles, l'application de la méthode terroristique, tant affectionnée des Jacobins, est évidemment devenue impossible. Et les ouvriers de France, qui n'en connaissent pas d'autre, sont déroutés. Ils se disent avec beaucoup de raison qu'il est impossible de faire du terrorisme officiel, régulier | 19 et légal, ni d'employer des moyens coercitifs contre les paysans, qu'il est impossible d'instituer un État révolutionnaire, un Comité de salut public central pour toute la France, dans un moment où l'invasion étrangère n'est pas seulement à la frontière comme en 1792, mais au cœur de la France, à deux pas de Paris. Ils voient toute l'organisation officielle crouler, ils désespèrent avec raison de pouvoir en créer une autre, et ne comprennent pas de salut, ces révolutionnaires, en dehors de l'ordre public, ne comprennent pas, ces hommes du peuple, la puissance et la vie qu'il y a dans ce que la gent officielle de toutes les couleurs, depuis la fleur de lys jusqu'au rouge foncé, appelle l'anarchie ; ils se croisent les bras et se disent : Nous sommes perdus, la France est perdue.

[19] Eh non, mes amis, elle n'est pas perdue, si vous ne voulez pas vous perdre vous-mêmes, si vous êtes des hommes, si vous voulez la sauver. Pour cela, vous savez ce que vous avez à faire : l'administration, le gouvernement, la machine entière de l'État croule de toutes parts ; gardez-vous de vous en désoler, et de chercher à relever ces ruines. Affranchis de toute cette architecture officielle, faites appel à la vie populaire, à la liberté, et vous sauverez le peuple.

[20] Je reviens encore une fois aux paysans. Je n'ai jamais cru que, même dans les circonstances les plus favorables, les ouvriers pussent jamais avoir la puissance de leur imposer la collectivité ; et je ne l'ai jamais désiré, parce que j'abhorre de tout système imposé, parce que j'aime sincèrement et passionnément la liberté. Cette fausse idée et cette espérance liberticide constituent l'aberration fondamentale du communisme autoritaire, qui, parce qu'il a besoin de la violence régulièrement organisée, a besoin de l'État, et qui, parce qu'il a besoin de l'État, aboutit nécessairement à la reconstitution du principe de l'autorité | 20 et d'une classe privilégiée de fonctionnaires de l'État. On ne peut imposer la collectivité qu'à des esclaves, - et alors la collectivité devient la négation même de l'humanité. Chez un peuple libre, la collectivité ne pourra se produire que par la force des choses ; non par l'imposition d'en haut, mais par le mouvement spontané d'en bas, librement et nécessairement à la fois, alors que les

conditions de l'individualisme privilégié, les institutions politiques et juridiques de l'État, auront disparu d'elles-mêmes.

Lettre IV

7 septembre.

[21] Après avoir parlé des griefs des ouvriers contre les paysans, il faut considérer à leur tour les griefs des paysans, la source de leur haine contre les villes.

Je les énumérerai comme suit :

1° Les paysans se sentent méprisés par les villes, et le mépris dont on est l'objet se devine vite, même par les enfants, et ne se pardonne pas.

2° Les paysans s'imaginent - et non sans beaucoup de raison, sans beaucoup de preuves et d'expériences historiques à l'appui de cette imagination - que les villes veulent les dominer, les gouverner, les exploiter souvent et leur imposer toujours un ordre politique dont ils ne se soucient pas.

3° Les paysans en outre considèrent les ouvriers des villes comme despartageux, et craignent que les socialistes ne viennent confisquer leur terre qu'ils aiment au-dessus de toute chose.

Que doivent donc faire les ouvriers pour vaincre cette défiance et cette animosité des paysans contre |21 eux ? D'abord cesser de leur témoigner leur mépris, cesser de les mépriser. Cela est nécessaire pour le salut de la révolution et d'eux-mêmes, car la haine des paysans constitue un immense danger. S'il n'y avait pas cette défiance et cette haine, la révolution aurait été faite depuis longtemps, car l'animosité qui existe malheureusement dans les campagnes contre les villes constitue dans tous les pays la base et la force principale de la réaction. Donc l'intérêt de la révolution qui doit les émanciper, les ouvriers doivent cesser au plus vite de témoigner ce mépris aux paysans. Ils le doivent aussi par justice, car vraiment ils n'ont aucune raison pour les mépriser, ni pour les détester. Les paysans ne sont pas des fainéants, ce sont de rudes travailleurs comme eux-mêmes, seulement ils travaillent dans des conditions différentes. Voilà tout. En présence du bourgeois exploiteur, l'ouvrier doit se sentir le frère du paysan [22].

[23] Les paysans marcheront avec les ouvriers des villes pour le salut de la patrie aussitôt qu'il se seront convaincus que les ouvriers des villes ne prétendent pas leur imposer leur volonté, ni un ordre politique et social quelconque inventé par les villes pour la plus grande félicité des campagnes ; aussitôt qu'ils auront acquis l'assurance que les ouvriers n'ont aucunement l'intention de leur prendre leur terre.

Eh bien, il est de toute nécessité aujourd'hui que les ouvriers renoncent réellement à cette prétention et à cette intention, et qu'il y renoncent de manière à ce que les paysans le sachent et en demeurent tout-à-fait convaincus. Les ouvriers doivent y renoncer, car alors même que des prétentions pareilles seraient | 22 réalisables, elles seraient souverainementinjustes et réactionnaires ; et maintenant que leur réalisation est devenue absolument impossible, elles ne constitueraient qu'une criminelle folie.

De quel droit les ouvriers imposeraient-ils aux paysans une forme de gouvernement ou d'organisation économique quelconque ? Du droit de la révolution, dit-on. Mais la révolution n'est plus révolution lorsqu'elle agit en despote, et lorsqu'au lieu de provoquer la liberté dans les masses, elle provoque la réaction dans leur sein. Le moyen et la condition sinon le but principal de la révolution, c'est l'anéantissement du principe de l'autorité dans toutes ses manifestations possibles, c'est l'abolition complète de l'État politique et juridique, parce que l'État, frère cadet de l'Église, comme l'a fort bien démontré Proudhon, est la consécration historique de tous les despotismes, de tous les privilèges, la raison politique de tous les asservissements économiques et sociaux, l'essence même et le centre de toute réaction. Lorsque, au nom de la révolution, on veut faire de l'État, ne fût-ce que de l'État provisoire, on fait donc de la réaction et on travaille pour le despotisme, non pour la liberté ; pour l'institution du privilège contre l'égalité.

C'est clair comme le jour. Mais les ouvriers socialistes de la France, élevés dans les traditions politiques des jacobins, n'ont jamais voulu le comprendre. Maintenant ils seront forcés de le comprendre, par bonheur pour la révolution et pour eux-mêmes. D'où leur est venue cette prétention aussi ridicule qu'arrogante, aussi injuste que funeste, d'imposer leur idéal | 23 politique et social à dix millions de paysans qui n'en veulent pas ? C'est évidemment encore un héritage bourgeois, un legs politique du révolutionnarisme bourgeois. Quel est le fondement, l'explication, la théorie de cette prétention ? C'est la supériorité prétendue ou réelle de l'intelligence, de l'instruction, en un mot de la civilisation ouvrière, sur la civilisation des campagnes. Mais savez-vous qu'avec un tel principe on peut légitimer toutes les conquêtes, consacrer toutes les oppressions ? Les bourgeois n'en ont jamais eu d'autre pour prouver leur mission et leur droit de gouverner, ou, ce qui veut dire la même chose, d'exploiter le monde ouvrier. De nation à nation, aussi bien que d'une classe à une autre, ce principe fatal et qui n'est autre que celui de l'autorité, explique et pose un droit à tous les envahissements et toutes les conquêtes. Les Allemands ne s'en sont-ils pas toujours servis pour excuser tous leurs attentats contre la liberté et contre l'indépendance des peuples slaves et pour en légitimer la germanisation violente et forcée ? C'est, disent-ils, la conquête de la civilisation sur la barbarie. Prenez garde, les Allemands commencent à s'apercevoir aussi que la civilisation germanique, protestante, est bien supérieure à la civilisation catholique des peuples de race latine en général, et à la civilisation française en particulier. Prenez garde qu'ils ne s'imaginent bientôt qu'ils ont la mission de vous civiliser et de vous rendre heureux, comme vous vous imaginez, vous, avoir la mission de civiliser et d'émanciper vos compatriotes, vos frères, les paysans de la France. Pour moi l'une ou l'autre prétention sont également odieuses, et je vous déclare que, tant dans les |24rapports internationaux que dans les rapports d'une classe à une autre, je serai toujours du côté de ceux qu'on veut civiliser par ce procédé. Je me révolterai avec eux contre tous ces civilisateurs arrogants, qu'ils s'appellent les ouvriers ou les Allemands, et, en me révoltant contre eux, je servirai la révolution contre la réaction.

Mais s'il en est ainsi, dira-t-on, faut-il abandonner les paysans ignorants et superstitieux à toutes les influences et à toutes les intrigues de la réaction ? Point du tout. Il faut écraser la réaction dans les campagnes aussi bien que dans les villes ; mais il faut pour cela l'atteindre dans les faits, et ne pas se borner à lui faire la guerre à coups de décrets. Je l'ai déjà dit, on n'extirpe rien avec des décrets. Au contraire, les décrets et tous les actes de l'autorité consolident ce qu'ils veulent détruire.

Au lieu de vouloir prendre aux paysans les terres qu'ils possèdent aujourd'hui, laissez-les suivre leur instinct naturel, et savez-vous ce qui arrivera alors ? Le paysan veut avoir à lui toute la terre ; il regarde le grand seigneur et le riche bourgeois, dont les vastes domaines amoindrissent son champ, comme un étranger et un usurpateur. La révolution de 1789 a donné aux paysans les terres de l'Église ; il voudra profiter d'une autre révolution pour gagner les terres de la bourgeoisie.

Mais si cela arrivait, si les paysans mettaient la main sur toute la portion du sol qui ne leur appartient pas encore, n'aurait-on pas laissé renforcer par là |25d'une manière fâcheuse le principe de la propriété individuelle, et les paysans ne se trouveraient-ils pas plus que jamais hostiles aux ouvriers socialistes des villes ?

Pas du tout, car la consécration juridique et politique de l'État, la garantie de la propriété, manquera au paysan. Le propriété ne sera plus un droit, elle sera réduite à l'état d'un simple fait.

Alors ce sera la guerre civile, direz-vous. La propriété individuelle n'étant plus garantie par aucune autorité supérieure, et n'étant plus défendue que par la seule énergie du propriétaire, chacun voudra s'emparer du bien d'autrui, les plus forts pilleront les plus faibles.

[24] Il est certain que, d'abord, les choses ne se passeront pas d'une manière absolument pacifique : il y aura des luttes, l'ordre public sera

troublé, et les premiers faits qui résulteront d'un état de chose pareil pourront constituer ce qu'on est convenu d'appeler une guerre civile. Mais aimez-vous mieux livrer la France aux Prussiens ? pensez-vous que les Prussiens respecteront l'ordre public, et ne tueront et ne pilleront personne ? Préférez-vous, à une agitation momentanée qui doit sauver le pays, préférez-vous l'esclavage, la honte et la misère complète, fruits inévitables de la victoire des Prussiens que vos hésitations et vos scrupules auront rendue certaine ?

[25] Non, pas de craintes puériles sur les inconvénients du soulèvement des paysans. Ne pensez-vous pas que, malgré les quelques excès qui pourront se produire çà et là, les paysans, cessant d'être contenus par l'autorité de |26l'État, s'entre-dévorent ? S'ils essaient de le faire dans le commencement, ils ne tarderont pas à se convaincre de l'impossibilité matérielle de persister dans cette voie, et alors ils tâcheront de s'entendre, de transiger et de s'organiser entre eux. Le besoin de se nourrir eux et leurs enfants, et par conséquent la nécessité de continuer les travaux de la campagne, la nécessité de garantir leurs maisons, leurs familles et leur propre vie contre des attaques imprévues, tout cela les forcera indubitablement à entrer bientôt dans la voie des arrangements mutuels.

Et ne croyez pas non plus que dans ces arrangements amenés en dehors de toute tutelle officielle, par la seule force des choses, les plus forts, les plus riches exercent une influence prédominante. La richesse des riches ne sera plus garantie par des institutions juridiques, elle cessera donc d'être une puissance. Les paysans riches ne sont puissants aujourd'hui que parce qu'ils sont protégés et courtisés par les fonctionnaires de l'État et l'État lui-même. Cet appui venant à leur manquer, leur puissance disparaîtra du même coup. Quant aux plus madrés, aux plus forts, ils seront annulés par la puissance collective de la masse, du grand nombre de petits et très petits paysans, ainsi que des prolétaires des campagnes, masse aujourd'hui asservie, réduite à la souffrance muette, mais que le mouvement révolutionnaire armera d'une irrésistible puissance.

Je ne prétends pas, notez-le bien, que les campagnes qui se réorganiseront ainsi, de bas en haut, créeront du premier coup une organisation idéale, conforme dans tous les points à celle que nous rêvons. |27Ce dont je suis convaincu, c'est que ce sera une organisation vivante, mille fois supérieure à celle qui existe maintenant, et qui d'ailleurs, ouverte d'un côté à la propagande active des villes, et de l'autre ne pouvant jamais être fixée et pour ainsi dire pétrifiée par la protection de l'État et de la loi, progressera librement et pourra se développer et se perfectionner d'une manière indéfinie, mais toujours vivante et libre, jamais décrétée ni légalisée, jusqu'à arriver enfin à un point aussi raisonnable qu'on peut l'espérer de nos jours.

Comme la vie et l'action spontanée, suspendues pendant des siècles par l'action absorbante de l'État, seront rendues aux communes, il est naturel que chaque commune prendra pour point de départ de son développement nouveau, non l'état intellectuel et moral dans lequel la fiction officielle la suppose, mais l'état réel de la civilisation ; et comme le degré de civilisation réelle est très différent entre les communes de France, aussi bien qu'entre celle de l'Europe en général, il en résultera nécessairement une grande différence de développement ; mais l'entente mutuelle, l'harmonie, l'équilibre établi d'un commun accord remplaceront l'unité artificielle des États. Il y aura une vie nouvelle et un monde nouveau.

Lettre V

8 septembre

[26] Je prévois que vous allez faire une objection à tout ce que je vous ai écrit au sujet des paysans, de leur organisation, et de leur réconciliation avec les ouvriers.

[27] |28 Vous me direz : « Mais cette agitation révolutionnaire, cette lutte intérieure qui doit naître nécessairement de la destruction des institutions politiques et juridiques, ne paralyseront-elles pas la défense nationale, au lieu de repousser les Prussiens, n'aura-t-on pas au contraire livré la France à l'invasion ? »

Point du tout. L'histoire prouve que jamais les nations ne se montrèrent aussi puissantes au dehors, que lorsqu'elles se sentirent profondément agitées et troublées à l'intérieur, et qu'au contraire jamais elles ne furent aussi faibles que lorsqu'elles apparaissaient unies sous une autorité et dans un ordre quelconques. Au fond rien de plus naturel : la lutte c'est la vie, et la vie c'est la force. Pour vous en convaincre, comparez entre elles quelques époques de votre propre histoire. Mettez en regard la France sortie de la Fronde, sous la jeunesse de Louis XIV, et la France de sa vieillesse, la monarchie solidement établie, unifiée, pacifiée par le grand roi ; la première toute resplendissante de victoires, la seconde marchant de défaite en défaite à la ruine. Comparez de même la France de 1792 avec la France d'aujourd'hui. Si jamais la France n'a été déchirée par la guerre civile, c'est bien en 1792 et 1793 ; le mouvement, la lutte, la lutte à vie et à mort, se produisait sur tous les points de la république ; et pourtant la France a repoussé victorieusement l'invasion de l'Europe presque toute entière coalisée contre elle. En 1870, la France unie et pacifiée de l'empire est battue par les armées de l'Allemagne, et se montre démoralisée au point qu'on doit trembler pour son existence.

|29 Vous pourriez sans doute me citer l'exemple de la Prusse et de l'Allemagne actuelles, qui ne sont déchirées par aucune guerre civile, qui se montrent au contraire singulièrement résignées et soumises au despotisme

de leur souverain, et qui néanmoins développent aujourd'hui une puissance formidable. Mais ce fait exceptionnel s'explique par deux raisons particulières, dont aucune ne peut s'appliquer à la France actuelle. La première, c'est la passion unitaire qui depuis cinquante-cinq ans n'a fait que croître au détriment de toutes les autres passions et de toutes les autres idées dans cette malheureuse nation germanique. La seconde, c'est la savante perfection de son système administratif.

Pour ce qui est de la passion unitaire, de cette ambition inhumaine et liberticide de devenir une grande nation, la première nation du monde, - la France l'a éprouvée également en son temps. Cette passion, pareille à ces fièvres furieuses qui donnent momentanément au malade une force surhumaine, sauf à l'épuiser ensuite totalement et à le jeter dans une prostration complète, - cette passion, après avoir grandi la France pour un espace de temps très court, l'a fait aboutir à une catastrophe dont elle s'est relevée si peu, même aujourd'hui, cinquante-cinq ans après la défaite de Waterloo, que ses malheurs présents ne sont rien, selon moi, qu'une rechute, un second coup d'apoplexie qui cette fois emportera certainement le malade, c'est-à-dire l'État militaire, politique et juridique.

Eh bien, l'Allemagne est travaillée aujourd'hui précisément par cette même fièvre, cette même passion de grandeur nationale, que la France a éprouvée|30 et expérimenté dans toutes ses phases au commencement de ce siècle et qui, à cause de cela même, est devenue désormais incapable de l'agiter et de l'électriser. Les Allemands, qui se croient aujourd'hui le premier peuple du monde, sont en arrière d'un demi-siècle au moins sur la France ; que dis-je ? il faut remonter bien plus loin encore pour trouver l'équivalent de la phase qu'ils traversent aujourd'hui. La Gazette officielle de Berlin leur montre dans un prochain avenir, comme récompense de leur dévouement héroïque, « l'établissement d'un grand empire tudesque, fondé sur la crainte de Dieu et sur la vraie morale ». Traduisez ceci en bon langage catholique, et vous aurez l'empire rêvé par Louis XIV. Leurs conquêtes, dont ils sont si fiers à présent, les feraient reculer de deux siècles ! Aussi tout ce qu'il y a d'intelligence honnête et vraiment libérale en Allemagne - sans parler des démocrates-socialistes - commence à s'inquiéter des conséquences des victoires nationales. Encore quelques semaines de sacrifices pareils à ceux que l'Allemagne a dû faire jusqu'ici moitié par force, moitié par exaltation, et la fièvre commencera à tomber ; le peuple allemand comptera ses pertes en hommes et en argent, ils les comparera aux avantages obtenus, et alors le roi Guillaume et Bismark n'auront qu'à bien se tenir. Et c'est pour cela qu'ils sentent l'absolue nécessité de revenir victorieux et les mains pleines.

L'autre raison de la puissance inouïe développée actuellement par les Allemands, c'est l'excellence de leur machine administrative, excellence non aupoint de vue de la liberté et du bien-être des populations, mais au point de vue de la richesse et de la puissance |31 exclusives de l'État. La machine administrative, si parfaite qu'elle soit, n'est jamais la vie du peuple, c'en est au contraire la négation absolue et directe. Donc la force qu'elle produit n'est jamais une force naturelle, organique, populaire, c'est au contraire une force toute mécanique et artificielle. Une fois brisée, elle ne se renouvelle pas d'elle-même, et sa reconstruction devient excessivement difficile. C'est pourquoi il faut bien se garder d'en forcer les résultats. Eh bien, c'est pourtant ce qu'ont fait Bismark et son roi ; ils ont déjà forcé la machine. L'Allemagne a mis sur pied un million et demi de soldats, et Dieu sait les centaines de millions qu'elle a dépensés. Que Paris résiste, que la France entière se lève derrière lui, et la machine germanique sautera.

Lettre VI

15 septembre 1870.

[28] Après vous avoir dit ce que je pense de l'union possible des ouvriers et des paysans pour sauver la France, je veux revenir encore sur le point capitalde ma thèse, savoir l'impuissance absolue de tout gouvernement républicain ou autre, et spécialement du gouvernement Gambetta et Cie à empêcher la catastrophe qui se prépare et qui ne peut être conjurée que par l'action directe et toute-puissante du peuple lui-même.

Si je ramène dans le cours de ma démonstration quelques arguments dont je me suis déjà servi, c'est qu'il y a des choses qu'on ne saurait trop répéter : car de l'intelligence de ces choses dépend le salut du peuple français.

[29] |32 Voyons donc ce que pourra essayer de faire le gouvernement actuel pour organiser la défense nationale.

La première difficulté qui se présente à l'esprit est celle-ci. Cette organisation, même dans les circonstances les plus favorables, et bien plus dans la crise présente, ne peut réussir qu'à une condition : c'est que le pouvoir organisateur reste en rapports immédiats, réguliers, incessants avec le pays qu'il se propose d'organiser. Mais il est hors de doute que sous peu de jours, lorsque Paris sera investi par les armées allemandes, les communications du gouvernement avec le pays seront complètement coupées. Dans ces conditions-là, aucune organisation n'est possible. Et d'ailleurs, à ce moment suprême, le gouvernement de Paris sera tellement absorbé par la défense même de Paris et par les difficultés intérieures qu'il rencontrera, que, fût-il composé des hommes les plus intelligents et les plus énergiques, il lui sera impossible de songer à autre chose.

Il est vrai que le gouvernement pourra se transporter en dehors de Paris, dans quelque grande cité provinciale, à Lyon, par exemple. Mais alors il n'exercera plus aucune autorité sur la France, parce qu'aux yeux du peuple, aux yeux des paysans surtout, comme il se trouve composé non des élus de la France entière, mais des élus de Paris, c'est-à-dire d'hommes les uns inconnus, les autres détestés de la campagne, - ce gouvernement n'aura aucun titre légitime à commander à la France. S'il restait à Paris, soutenu par les ouvriers de Paris, il pourrait encore s'imposer à la France, au moins aux villes, et peut-être même aux campagnes, malgré l'hostilité bien prononcée des paysans contre les hommes qui le composent. Car, il faut en convenir, Paris exerce un prestige historique si grand sur toutes les imaginations françaises, que bon gré mal gré on finira toujours par lui obéir.

Mais une fois le gouvernement sorti de Paris, cette |33 raison si puissante n'existera plus. Supposons même que la grande cité provinciale où il auratransporté sa résidence l'acclame, et ratifie par cette acclamation les élus de la population de Paris : cette adhésion d'une ville de province n'entraînera pas le reste de la France, et les campagnes ne se croiront pas tenues davantage à lui obéir.

Et de quels moyens, de quel instrument se servira-t-il, pour obtenir l'obéissance ? De la machine administrative ? À supposer qu'elle puisse fonctionner encore, n'est-elle pas toute bonapartiste, et ne servira-t-elle pas justement, avec l'appui des prêtres, à ameuter les campagnes contre le gouvernement républicain ? Il faudra donc contenir les campagnes révoltées, et, pour cela, il faudra employer une partie des troupes régulières qui devaient tenir tête aux Prussiens, Et comme les officiers supérieurs sont presque tous bonapartistes, le gouvernement, qui aura besoin d'hommes dévoués et fidèles, sera obligé de les casser et d'en chercher d'autres : il faudra réorganiser l'armée de fond en comble pour en faire un instrument capable de défendre la république contre l'insurrection réactionnaire. Pendant ce temps, les Prussiens prendront Paris, et les campagnes détruiront la république : et voilà uniquement à quoi peut aboutir une tentative de défense officielle, gouvernementale, par les moyens réguliers et administratifs.

Malheur à la France, si elle attendait du gouvernement actuel le renouvellement des prodiges de 1793. Ces prodiges ne furent pas produits par la seule puissance de l'État, du gouvernement, mais encore et surtout par l'enthousiasme révolutionnaire du peuple français tout entier, qui, prenant lui-même en main ses affaires avec l'énergie du désespoir, organisa dans chaque ville, dans chaque commune, un centre de résistance et d'action. - Et puis, si l'État issu du mouvement de 1789, tout jeune encore, tout pénétré de la vie et des passions populaires, |34 a pu se montrer capable de sauver la patrie, il faut se dire que depuis lors il a bien vieilli et s'est bien corrompu. Revu et corrigé, et usé jusque dans ses ressorts fondamentaux par Napoléon Ier ; restauré tant bien que mal par les Bourbons, corrompu et affaibli par la monarchie de Juillet, il est arrivé sous le second empire au dernier degré de corruption et d'impuissance ; et maintenant, la seule chose qu'on puisse attendre de lui, c'est sa disparition complète avec toutes les institutions policières, administratives, juridiques et financières qui le soutenaient, - pour faire place à la société naturelle, au peuple qui reprend ses droits naturels et qui se lève [30].

[31] Mais, me direz-vous, le gouvernement provisoire a convoqué tous les électeurs pour la première quinzaine d'octobre, à l'effet de nommer une Assemblée constituante ; celle-ci pourra faire réformer radicalement le système administratif, comme l'a fait celle de 1789, et redonner ainsi une vie nouvelle à l'État politique, qui tombe en ruines.

Cette objection n'est pas sérieuse. Supposons que, conformément à la décision du gouvernement provisoire, - qui m'a l'air d'être une bravade jetée aux Prussiens plutôt qu'une résolution réfléchie, - supposons, dis-je, que les élections se fassent régulièrement, et qu'il en sorte une Assemblée dont la majorité sera disposée à seconder toutes les intentions du gouvernement républicain. [32] Je dis que cette Assemblée ne pourra pas faire des réformes réelles et profondes en ce moment. Ce serait vouloir exécuter un mouvement de flanc en présence d'un puissant ennemi, comme ce mouvement tenté par Bazaine devant les Prussiens et qui lui a si mal réussi. Est-ce bien au moment où le gouvernement aura le plus besoin des services énergiques et réguliers de la machine administrative, qu'il pourrait essayer de la renouveler et de la transformer ? Il faudrait pour cela la paralyser complètement pendant quelques semaines ; et que ferait pendant |35 ce temps le gouvernement, privé des rouages qui lui sont nécessaires pour gouverner le pays ?

Cette même impossibilité empêchera le gouvernement de toucher d'une manière tant soit peu radicale au personnel même de l'administration impériale.Il lui faudrait créer une légion d'hommes nouveaux. Tout ce qu'il pourra faire, tout ce qu'il a fait jusqu'ici, c'est de remplacer les préfets et les sous-préfets par d'autres qui en général ne valent pas beaucoup mieux.

Ces quelques changements de personnes démoraliseront nécessairement encore plus l'administration actuelle. Il s'y produira des tiraillements sans fin et une sourde guerre intestine, qui la rendra encore cent fois plus incapable d'action qu'elle ne l'est aujourd'hui ; de sorte que le gouvernement républicain aura à son service une machine administrative qui ne vaudra même pas celle qui exécutait tant bien que mal les ordres du ministère impérial.

Pour obvier à ce mal, le gouvernement provisoire enverra sans doute dans les départements des pro-consuls, des commissaires extraordinaires. Ce sera alors le comble de la désorganisation.

En effet, il ne suffit pas d'être muni de pouvoirs extraordinaires, pour prendre des mesures extraordinaires de salut public, pour avoir la puissance de créer des forces nouvelles, pour pouvoir provoquer dans une administration corrompue, et dans des populations systématiquement déshabituées de toute initiative, un élan, une énergie, une activité salutaires. Pour cela il faut avoir encore ce que la bourgeoisie de 1792 et 1793 avait à un si haut degré, et ce qui manque absolument à la bourgeoisie actuelle, même aux républicains, - il faut avoir l'intelligence, la volonté, l'audace révolutionnaires. Et comment imaginer que les commissaires du gouvernement provi |36 soire, les subordonnés de Gambetta et Cie, posséderont ces qualités, puisque leurs supérieurs, les membres du gouvernement, les coryphées du parti républicain, ne les ont pas trouvées dans leur propre cœur ?

En dehors de ces qualités personnelles qui impriment aux hommes de 1793 un caractère vraiment héroïque, si les commissaires extraordinaires ont si bien réussi aux Jacobins de la Convention nationale, c'est que cette Convention était réellement révolutionnaire, et que, s'appuyant elle-même à Paris sur les masses populaires, sur la vile multitude, à l'exclusion de la bourgeoisie libérale, elle avait ordonné à tous ses proconsuls de s'appuyer également partout et toujours sur cette même canaille populaire. Les commissaires envoyés par Ledru-Rollin en 1848, et ceux que pourra envoyer aujourd'hui Gambetta, ont fait et feront nécessairement un fiasco complet, par la raison inverse, et les seconds plus encore que les premiers, parce que cette raison inverse agira plus puissamment encore sur eux que sur leurs devanciers de 1848. Cette raison, c'est que les uns et les autres ont été et seront, à un degré plus ou moins sensible, des bourgeois radicaux, délégués du républicanisme bourgeois, et comme tels ennemis du socialisme, ennemis de la révolution vraiment populaire.

Cet antagonisme de la révolution bourgeoise et de la révolution populaire n'existait pas encore, en 1793, ni dans la conscience du peuple, ni même dans celle de la bourgeoisie. On n'avait pas encore démêlé de l'expérience historique cette vérité, que la liberté de toute classe privilégiée - et par conséquent celle de la bourgeoisie - était fondée essentiellement sur l'esclavage économique du prolétariat. Comme fait, comme conséquence réelle, cette vérité avait toujours existé ; mais elle avait été tellement embrouillée avec d'autres faits et masquée par tant d'intérêts et de tendances historiques différentes, |37 surtout religieuses et nationales, qu'elle ne s'était point encore dégagée dans sa grande simplicité et dans sa clarté actuelle, ni pour la bourgeoisie, commanditaire du travail, ni pour le prolétariat, salarié c'est-à-dire exploité par elle. La bourgeoisie et le prolétariat étaient bien dès lors ennemis naturels, mais sans le savoir ; par suite de cette ignorance, ils attribuaient, l'une ses craintes, l'autre ses maux, à des raisons fictives, non à leur antagonisme réel ; et se croyant unis d'intérêts, ils marchèrent ensemble contre la monarchie, la noblesse et les prêtres.

Voilà ce qui fit la grande force des bourgeois révolutionnaires de 1793,

Non seulement ils ne craignaient pas le déchaînement des passions populaires, mais ils le provoquaient de toutes leurs forces, comme l'unique moyen de salut pour la patrie et pour eux-mêmes contre la réaction intérieure et extérieure. Lorsqu'un commissaire extraordinaire, délégué par la Convention, arrivait dans une province, il ne s'adressait jamais aux gros bonnets de la contrée, ni aux révolutionnaires bien gantés ; il s'adressait directement aux sans-culottes, à la canaille populaire, et c'est sur elle qu'il s'appuyait pour exécuter, contre les gros bonnets et les révolutionnaires comme il faut, les décrets de la Convention. Ce qu'ils faisaient n'était donc pas à proprement parler de la centralisation ni de l'administration, mais de la provocation. Ils ne venaient pas dans un pays pour lui imposer dictatorialement la volonté de la Convention nationale. Ils ne firent cela que dans de très rares occasions, et lorsqu'ils venaient dans une contrée décidément et unanimement hostile et réactionnaire. Alors ils arrivaient accompagnés de troupes qui ajoutaient l'argument de la baïonnette à leur éloquence civique. Mais ordinairement ils venaient seuls, sans un soldat pour les appuyer, ne cherchant leur force que dans les masses, dont les instincts étaient toujours conformes aux pensées de la Convention. Loin de restreindre|38 la liberté des mouvements populaires, par crainte d'anarchie, ils les provoquaient de toutes les manières. La première chose qu'ils avaient l'habitude de faire, c'était de former un club populaire, là où ils n'en trouvaient pas d'existants. Révolutionnaires pour tout de bon, ils reconnaissaient bientôt dans la masse les vrais révolutionnaires, et s'alliaient avec eux pour souffler la révolution, l'anarchie, et pour organiser révolutionnairement cette anarchie populaire. Cette organisation révolutionnaire était la seule administration et la seule force exécutive dont se soient servis les proconsuls de 1793.

Tel fut le vrai secret de la puissance de ces géants, que les jacobins pygmées de nos jours admirent, mais qu'ils sont impuissants à imiter.

[33] Les commissaires de 1848 étaient des hommes d'une tout autre étoffe, sortis d'un tout autre milieu. Eux et leurs chefs, les membres du gouvernement provisoire, ils appartenaient à la bourgeoisie devenue doctrinaire et désormais fatalement séparée du peuple. Les héros de la grande révolution étaient pour eux ce qu'avaient été en littérature les tragédies de Corneille et de Racine, - des modèles classiques. Ils voulurent les copier, mais la vie, la passion, le feu sacré n'étaient plus là. Là où il fallait des actes, ils ne surent faire que des phrases creuses, des grimaces. Quand ils se trouvaient au milieu du prolétariat, ils se sentaient mal à leur aise, comme des gens d'ailleurs honnêtes mais qui sont dans la nécessité de tromper. Ils se battirent les flancs pour trouver un mot vivant, une pensée féconde : ils ne trouvèrent rien.

Dans toute cette fantasmagorie révolutionnaire de 1848, il n'y eut que deux hommes réellement sérieux, quoique tout à fait dissemblants l'un de l'autre : ce furent Proudhon et Blanqui. Tout le reste ne furent que de mauvais comédiens, qui jouèrent la Révolution, comme les con | 39 fréries du moyen âge jouaient la Passion, - jusqu'au moment où Louis Bonaparte vint tirer le rideau.

Les instructions que les commissaires de 1848 reçurent de Ledru-Rollin furent aussi incohérentes et aussi vagues que le sont les pensées mêmes de ce révolutionnaire. C'étaient tous les grands mots de 1793, sans aucune des grandes choses, ni des grands buts, ni surtout des énergiques résolutions de cette époque. Ledru-Rollin, comme un riche bourgeois et un rhéteur qu'il est, a toujours été l'ennemi naturel et instinctif du socialisme. Aujourd'hui, après de grands efforts, il est enfin parvenu à comprendre les sociétés coopératives ; mais il ne se sent pas la force d'aller au-delà.

Louis Blanc, ce Robespierre en miniature, cet adorateur du citoyen intelligent et vertueux, est le type du communiste d'État, du socialiste doctrinaire et autoritaire. Il a écrit dans sa jeunesse une toute petite brochure sur « l'Organisation du travail », et aujourd'hui même, en présence des immenses travaux et du développement prodigieux de l'Internationale, il en reste encore là. Pas un souffle de sa parole, pas une étincelle de son cerveau n'a donné la vie à personne. Son intelligence est stérile, comme toute sa personnalité est sèche. Aujourd'hui encore, dans une lettre récemment adressée au Daily News, en présence de l'horrible et fratricide égorgement auquel se livrent les deux nations les plus civilisées du monde, il n'a pas trouvé autre chose dans sa tête et dans son cœur que ce conseil, qu'il adresse aux républicains français, « de proposer aux Allemands, au nom de la fraternité des peuples, une paix également honorable pour les deux nations ».

Ledru-Rollin et Louis Blanc ont été, comme on sait, les deux grands révolutionnaires de 1848, avant les journées de Juin : l'un bourgeois-avocat, rhéteur boursouflé aux allures et aux prétentions dantonesques ; l'autre, un |40Robespierre-Babeuf réduit aux plus minces proportions. Ni l'un ni l'autre n'ont su penser, vouloir, ni surtout oser. D'ailleurs, l'évêque Lamourette de ce temps-là, Lamartine, avait imprimé à tous les actes et à tous les hommes de l'époque, moins Proudhon et Blanqui, sa note fausse et son faux caractère de conciliation, - cette conciliation qui signifiait en réalité sacrifice du prolétariat à la bourgeoisie, et qui aboutit aux journées de Juin.

Les commissaires extraordinaires partirent donc pour les provinces, portant dans leurs poches les instructions de ces grands hommes, - plus les recommandations d'un caractère réactionnaire très réel qui leur furent faites par les républicains modérés du National, les Marrast, les Bastide, les Jules Favre, etc.

Faut-il s'étonner si ces malheureux commissaires ne firent rien dans les départements, sinon d'exciter le mécontentement de tout le monde, par le ton et les manières de dictateurs qu'il leur plut de se donner ? On se moqua d'eux, et ils n'exercèrent aucune influence. Au lieu de se tourner vers le peuple, et seulement vers le peuple, comme leurs devanciers de 1793, ils s'occupèrent uniquement de chercher à convertir à la république les classes privilégiées. Au lieu d'organiser partout la puissance populaire par le déchaînement des passions révolutionnaires, ils prêchèrent au prolétariat la modération, la tranquillité, la patience, et une confiance aveugle dans les desseins généreux du gouvernement provisoire. Les cercles réactionnaires de province, intimidés d'abord par cette révolution qui leur était tombée si inopinément sur la tête et par l'arrivée de ces commissaires de Paris, reprirent courage lorsqu'ils virent que ces Messieurs ne savaient faire que des phrases et avaient eux-mêmes peur du peuple ; et le résultat de la mission des commissaires de 1848 fut la triste Assemblée constituante que vous savez.

|41 Après Juin, ce fut autre chose. Les bourgeois sincèrement révolutionnaires, ceux qui passèrent dans le camp du socialisme, sous l'influence de la grande catastrophe qui avait tué d'un seul coup tous les comédiens révolutionnaires de Février, devinrent des hommes sérieux et firent des efforts sérieux pour révolutionner la France. Ils réussirent même en grande partie. Mais il était trop tard ; la réaction de son côté s'était réorganisée avec une puissance formidable, et, grâce aux terribles moyens que donne la centralisation de l'État, elle finit par triompher tout à fait, plus même qu'elle ne l'avait voulu, dans les journées de Décembre.

Eh bien, les commissaires que Gambetta pourra envoyer dans les départements seront encore plus malheureux que les commissaires de 1848. Ennemis des ouvriers socialistes, aussi bien que de l'administration et des paysans bonapartistes, sur qui donc s'appuieront-ils ? Leurs instructions leur commanderont évidemment d'enchaîner dans les villes le mouvement révolutionnaire socialiste, et dans les campagnes le mouvement réactionnaire bonapartiste, - mais avec l'aide de qui ? D'une administration désorganisée, restée elle-même bonapartiste pour la moitié ou les trois quarts, - et de quelques centaines de pâles républicains et d'orléanistes : des républicains aussi insignifiants, aussi incertains et aussi désorientés qu'eux-mêmes, restant en dehors de la masse populaire et n'exerçant aucune influence sur personne ; et des orléanistes, bons seulement, comme tous les gens riches, à exploiter et à faire tourner un mouvement au profit de la réaction, mais incapables eux-mêmes d'une résolution et d'une action énergique. Et notez que les orléanistes seront de beaucoup les plus forts des deux, car, à côté des grands moyens financiers dont ils disposent, ils ont encore cet avantage de savoir ce qu'ils |42veulent, tandis que les républicains joignent, à leur extrême pénurie, le malheur de ne savoir où ils vont et de rester étrangers à tous les intérêts réels, tant privilégiés que populaires. [34] Il résultera de là que les commissaires, ou bien ne feront rien, ou bien, s'ils font quelque chose, le feront seulement grâce à l'appui des orléanistes, et alors n'auront travaillé en réalité qu'à la restauration des Orléans.

[35] Maintenant, quelle est ma conclusion définitive ?

Elle ressort suffisamment de tout ce que j'ai dit, et d'ailleurs j'ai commencé par vous la donner dans ma première lettre. Je dis que dans le danger que court la France, danger plus grand que tous ceux qu'elle a courus depuis des siècles, il n'y a qu'un moyen de salut : le soulèvement général et révolutionnaire du peuple.

Si le peuple se lève, je ne doute pas du triomphe. Je ne crains qu'une chose, c'est que le danger ne lui paraisse pas assez pressant, assez immense, assez menaçant pour lui donner ce courage du désespoir dont il a besoin. À ce moment même il ne manque pas de Français qui regardent la prise de Paris, la ruine et l'asservissement de la France par les Prussiens, comme une chose absolument impossible, impossible au point d'être ridicule. Et ils laissent tranquillement avancer l'ennemi, confiants dans l'étoile de la France, et s'imaginant qu'il suffit d'avoir dit : « C'est impossible », pour empêcher la chose de se faire.

Il faut absolument vous réveiller de ce rêve, Français, si quelques-uns de vous se laissent encore bercer par ces funestes illusions. Non, je vous le déclare : Cet affreux malheur, dont vous ne voulez pas même admettre la pensée, n'est pas impossible ; il est au contraire si certain, que si vous ne vous levez pas aujourd'hui en |43 masse, pour exterminer les soldats allemands qui ont envahi le sol de la France, demain ce sera la réalité. Plusieurs siècles de prédominance nationale vous ont tellement habitués à vous considérer comme le premier et le plus puissant peuple du monde, que vous ne vous êtes pas encore aperçus de la gravité de votre situation présente. Cette situation, la voici :

La France comme État est perdue. Elle ne peut plus se sauver par les moyens réguliers et administratifs. C'est à la France naturelle, à la France du peuple à entrer maintenant sur la scène de l'histoire, à sauver sa liberté et celle de l'Europe entière, par un soulèvement immense, spontané, tout populaire, en dehors de toute organisation officielle, de toute centralisation gouvernementale. Et la France, en balayant de son territoire les armées du roi de Prusse, aura du même coup affranchi tous les peuples d'Europe et accompli l'émancipation sociale du prolétariat.

APPENDICE

LETTRE À UN FRANÇAIS
(Reproduction textuelle et intégrale du manuscrit de Bakounine) [36]

|1 Continuation

25 août soir - ou plutôt 26 matin.

Considérons de nouveau la situation générale.

Je crois avoir prouvé, et les événements ne tarderont pas de prouver mieux que je n'ai pu le faire :

I° [37] Que dans les conditions auxquelles la France se trouve présentement, la France ne peut plus être sauvée par les moyens réguliers de la civilisation, de l'État. Elle ne peut échapper à la déchéance que par un effort suprême, par un immense mouvement convulsif de toute la nation, par le soulèvement armé du peuple français.

a) Les Prussiens, toute la nation allemande considérée comme État unitaire, comme Empire, - ce qu'elle est déjà virtuellement, - ne peut racheter les immenses sacrifices qu'elle a faits, ni se sauvegarder contre les vengeances futures et même très prochaines de la France humiliée, insultée, qu'en écrasant cette dernière, qu'en lui dictant les conditions d'une paix ruineuse à Paris.

b) Aucun État français - empire, royaume ou république - ne saurait exister seulement un an, après avoir accepté les conditions désastreuses et déshonorantes que les Prussiens seront obligés, par la force même des choses, de leur dicter.

c) Donc, le gouvernement provisoire actuel - Bazaine, Mac-Mahon, Palikao, Trochu, avec son Conseil privé : Thiers-Gambetta - ne peuvent, s'ils le voulaient même, traiter avec les Prussiens, tant qu'il en restera un seul sur le territoire de la France. Par suite de quoi, entre tous ces hommes qui représentent quatre partis différents : l'empire honteux ; l'orléanisme direct (Trochu) ; l'orléanisme indirect, ou bien la république bourgeoise et surtout militaire comme transition à la restauration monarchique (Thiers, et Trochu sans doute aussi, si la restauration directe se montrait impossible) ; et la république bourgeoise pour tout de bon (Gambetta et Comp.), - entre tous ces hommes [il y a [38]] une trêve tacite. Ils mettent leurs drapeaux dans leurs poches et remettent la lutte des différents partis à des temps plus pacifiques, en se donnant la main aujourd'hui pour le salut de l'honneur et de l'intégrité de la France.

d) Ils sont tous sincèrement des patriotes de l'État. Séparés sur tant |2 de points, ils s'unissent complètement sur un seul : ils sont tous également deshommes politiques, des hommes d'État.

Comme tels ils n'ont de foi que dans les moyens réguliers, que dans les forces organisées par l'État, et une horreur égale pour la banqueroute qui en effet est la ruine et le déshonneur pour l'État, non pour la nation, pour le peuple ; une horreur pour les soulèvements, pour les mouvements anarchiques des masses populaires, qui sont la fin de la civilisation bourgeoise et une dissolution certaine pour l'État.

e) Ils voudraient donc sauver la France par les seuls moyens réguliers et par les forces organisées de l'État, en n'ayant recours qu'aussi peu que possible aux sauvages instincts de la vile multitude, qui offusquent la délicatesse exquise de leurs sentiments, de leur goût, et, ce qui est plus sérieux encore, menacent leur position et l'existence même de la société fortunée et privilégiée.

f) Pourtant ils sont forcés d'y avoir recours, car la position est très sérieuse et leur responsabilité immense. À une puissance formidable et magnifiquement organisée, ils n'ont rien à opposer qu'une armée à moitié détruite, et une machine administrative abêtie, abrutie, corrompue, ne fonctionnant plus qu'à demi, et incapable de créer en peu de jours une force qu'elle n'a point été capable de produire en vingt ans. Ils ne sauraient donc entreprendre ni faire rien de sérieux, s'ils n'étaient soutenus par la confiance publique et secourus par le dévouement populaire.

g) Ils se voient forcés de faire un appel à ce dévouement. Ils ont proclamé le rétablissement de la garde nationale dans tout le pays, l'incorporation des gardes mobiles dans l'armée et l'armement de toute la nation. Si tout cela était sincère, on aurait ordonné la distribution immédiate des armes au peuple sur toute la surface de la France. Mais ce serait l'abdication de l'État, la révolution sociale par le fait, sinon par l'idée, - et ils n'en veulent point.

h) Ils en veulent si peu, que, s'ils avaient à choisir entre l'entrée triomphante des Prussiens à Paris et le salut de la France par la révolution sociale, il n'y a pas de doute que tous, sans excepter Gambetta et Comp., auraient opté pour la première. Pour eux, la révolution sociale, c'est la mort de toute civilisation, la fin du monde et par conséquent de la France aussi. Et mieux, vaut, penseront-ils, mieux vaut une France déshonorée, amoindrie, soumise momentanément sous la volonté insolente des Prussiens, mais avec l'espoir certain de se relever, qu'une France tuée |3 à tout jamais, comme État, par la révolution sociale.

i) Comme hommes politiques, ils se sont dont posé le problème suivant : Faire appel à l'armement populaire sans armer le peuple, mais profiter de l'enthousiasme populaire pour faire entrer, sous différentes dénominations, beaucoup de recrues volontaires dans l'armée ; sous le prétexte du rétablissement de la garde nationale, armer les bourgeois, à l'exclusion des prolétaires, et surtout les anciens militaires, afin d'avoir une force suffisante à opposer aux révoltes du prolétariat, enhardi par l'éloignement des troupes ; incorporer dans l'armée les gardes mobiles suffisamment disciplinées, et dissoudre ou laisser désarmées celles qui ne le sont pas et qui font montre de sentiments trop rouges. Ne permettre la formation des corps francs qu'à condition qu'ils [ne] soient organisés et conduits que par des chefs appartenant aux classes privilégiées : Jockey Club, propriétaires nobles ou bourgeois, en un mot gens comme il faut.

À défaut de puissance coercitive pour contenir les populations, faire servir l'excitation patriotique de ces populations, provoquée autant par les événements que par leurs aveux et leurs mesures obligées, au maintien de l'ordre public, en propageant parmi elles cette conviction fausse, désastreuse, que pour sauver la France de l'abîme, de l'anéantissement et de l'esclavage dont la menacent les Prussiens, les populations doivent, tout en demeurantsuffisamment exaltées pour se sentir capables des sacrifices extraordinaires qui seront réclamés par le salut de l'État, rester tranquilles, inactives, s'en remettant d'une manière toute passive à la providence de l'État et du gouvernement provisoire qui en a pris aujourd'hui la direction en ses mains, et considérant comme des ennemis de la France, comme des agents de la Prusse, tous ceux qui essaieraient de troubler cette confiance, cette quiétude populaire, tous ceux qui voudraient provoquer la nation à des actes spontanés de salut public, - en un mot tous ceux qui, se défiant à bon droit de la capacité et de la bonne foi des gouvernants actuels, veulent sauver la France par la révolution.

j) Il y a par conséquent aujourd'hui entre tous les partis, sans en excepter les jacobins les plus rouges et naturellement aussi les socialistes bourgeois, matés et paralysés les uns comme les autres par la crainte que leur inspirent les |4 socialistes révolutionnaires, réellement populaires, - les anarchistes ou pour ainsi dire les Hébertistes du socialisme, qui sont aussi profondément détestés par les communistes autoritaires, par les communistes de l'État, que par les Jacobins et par les socialistes bourgeois, - entre tous ces partis, sans excepter même les communistes de l'État, il y a un accord tacite, d'empêcher la révolution tant que l'ennemi sera en France, pour deux raisons :

La première, c'est que, en ne voyant tous également de salut pour la France que dans l'action de l'État et dans l'exagération excessive de toutes les facultés et puissances de l'État, ils sont tous sincèrement convaincus que, si la révolution éclatait maintenant, comme elle aurait pour effet immédiat, naturel, la démolition de l'État actuel, et comme les Jacobins et les communistes autoritaires manqueraient nécessairement et de temps et de tous les moyens indispensables pour la reconstruction aussi immédiate d'un nouvel État révolutionnaire, elle, c'est-à-dire la révolution, livrerait la France aux Prussiens,en la livrant d'abord aux révolutionnaires socialistes.

La seconde n'est qu'une explication et un développement de la première. Ils redoutent et détestent également les socialistes révolutionnaires, les travailleurs de l'Internationale, et, sentant que dans les conditions présentes la révolution triompherait immanquablement, ils veulent à toute force empêcher la révolution.

k) Cette situation singulière entre deux ennemis, dont l'un - les monarchistes - est condamné à disparaître, et l'autre - les révolutionnaires socialistes - menace d'arriver, impose aux jacobins, aux socialistes bourgeois et aux communistes de l'État, une dure nécessité : celle de s'allier secrètement, tacitement, avec la réaction d'en haut contre la révolution d'en bas. Ils ne craignent pas autant cette réaction que cette révolution. Voyant en effet que la première est excessivement affaiblie, au point de ne pouvoir plus exister qu'avec leur consentement, ils s'allient avec elle momentanément et s'en servent d'une manière | 5 très sournoise contre la seconde.

Cela explique la réaction violente qui de leur consentement règne aujourd'hui à Paris. Cela explique pourquoi on retient, on ose retenirillégalement Rochefort en prison. Avez-vous remarqué le mutisme de toute l'opposition radicale, et particulièrement le silence de Gambetta, lorsque Raspail a réclamé sa mise en liberté ? Seul le vieux Crémieux a prononcé un misérable discours juridique ; les autres, pas un mot. Et pourtant la question était bien claire : il s'agissait de la dignité et du droit du Corps législatif tout entier, de la dignité et du droit de la représentation nationale violés cyniquement en la personne du député Rochefort par le pouvoir exécutif. Le silence de la gauche républicaine ne signifiait-il pas deux choses : d'abord c'est que tous ces Jacobins détestent et craignent Rochefort comme un homme qui jouit, à raison ou à tort, des sympathies et de la confiance de la vile multitude ; que tous, comme des hommes politiques, expression favorite de Gambetta,sont très contents de savoir Rochefort en prison ; et ensuite, qu'il y a comme un parti pris de ne point faire d'opposition au gouvernement provisoire existant actuellement à Paris ?

l) Cette résolution est encore une conséquence naturelle de leur position singulière : ayant décidé que la révolution immédiate serait funeste à la France, et ne voulant par conséquent pas renverser ce gouvernement (parce que le renverser sans révolution est impossible, la majorité du Corps législatif étant absolument réactionnaire, de sorte que, pour changer ce gouvernement, il faudrait d'abord dissoudre violemment le Corps législatif), étant forcés de souffrir ce gouvernement qu'ils détestent, les radicaux sont trop patriotes pour vouloir l'affaiblir, car ce gouvernement est chargé maintenant de la défense de la France, de sorte que l'affaiblir ce serait affaiblir la défense, les chances de salut de la France. De là une conséquence nécessaire : les radicaux sont forcés de souffrir, de laisser passer en silence toutes les intrigues, les actes les plus iniques, même les plus funestes sottises de ce gouvernement, - car c'est une vérité reconnue et mille fois constatée et confirmée par l'expérience de toutes les nations, que dans les grandes crises de l'État, alors que l'État se trouve menacé par d'immenses dangers, mieux vaut un gouvernement fort, quelque mauvais qu'il soit, que l'anarchie qui résulterait nécessairement |6 de l'opposition qu'on lui ferait. Sans corriger les vices inhérents à ce gouvernement, l'opposition et l'anarchie qui s'ensuivraient affaibliraient considérablement sa puissance, son action, et diminueraient par conséquent les chances de salut pour la France.

m) Il en résulte quoi ? - Que l'opposition radicale, enchaînée doublement et par la répulsion instinctive que lui inspire le socialisme révolutionnaire et par son patriotisme, s'annule complètement et marche sans volonté à la remorque de ce gouvernement, qu'elle renforce et sanctionne par sa présence, par son silence, et quelquefois aussi par ses compliments et par les expressions hypocrites de sa sympathie.

Ce pacte forcé entre les bonapartistes, les orléanistes, les républicains bourgeois, les Jacobins rouges et les socialistes autoritaires, est naturellement à l'avantage des deux premiers partis, et au détriment des trois derniers. S'il y eut jamais des républicains travaillant au profit de la réaction monarchique, ce sont certainement les jacobins français conduits par Gambetta. Les réactionnaires aux abois, ne sentant plus de terrain sous leurs pieds, et voyant brisés en leurs mains tous les bons vieux moyens, tous les instruments nécessaires de la tyrannie de l'État, sont devenus à cette heure excessivement humains et polis - Palikao et Jérôme David lui-même, si insolents hier, sont aujourd'hui d'une affabilité extrême. Ils comblent les radicaux, et Gambetta surtout, de leurs flagorneries et de toutes sortes de témoignages de respect. Mais en retour de ces politesses, ils ont le pouvoir. Et la gauche radicale en est exclue tout à fait.

n) Au fond, tous ces hommes qui composent aujourd'hui le pouvoir : Palikao, Chevreau et Jérôme David d'un côté, Trochu et Thiers de l'autre, enfin Gambetta, cet intermédiaire à demi-officiel entre le gouvernement et la gauche radicale, se détestent du fond de leur cœur, et, se considérant comme des ennemis mortels, se défient profondément les uns des autres. Mais tout en intriguant les uns contre les autres, ils sont forcés de marcher ensemble, ou plutôt ils sont forcés d'avoir l'air |7 de marcher ensemble. Toute la puissance de ce gouvernement est fondée exclusivement aujourd'hui sur la foi des masses populaires en son harmonieuse, complète et forte unité.

Comme ce gouvernement ne peut plus se maintenir que par la confiance publique, il faut absolument que le peuple ait une foi pour ainsi dire absolue en cette unité d'action et cette identité de vues de tous les membres du gouvernement ; car aussi longtemps que le salut de la France devra être fait par l'État, cette unité et cette identité pourront seules la sauver. Il faut donc que le peuple soit convaincu que tous les membres qui composent ce gouvernement, oubliant toutes leurs dissidences et toutes leurs ambitions passées, et laissant absolument de côté tous les intérêts de partis, se sont donné la main franchement pour ne s'occuper plus aujourd'hui que du salut de la France. L'instinct du peuple sait parfaitement qu'un gouvernement divisé, tiraillé dans tous les sens, et dont tous les membres intriguent les uns contre les autres, est incapable d'action énergique sérieuse ; qu'un tel gouvernement pourra perdre et non sauver le pays. El s'il savait tout ce qui se passe au sein du gouvernement actuel, il le renverserait.

Gambetta et Comp. savent tout ce qui se passe dans ce gouvernement, ils sont assez intelligents pour comprendre que le gouvernement est trop désuni et trop réactionnaire pour déployer toute l'énergie exigée par la situation et pour prendre toutes les mesures nécessaires au salut du pays, et ils se taisent,- parce que parler ce serait provoquer la révolution, et parce que leur patriotismeaussi bien que leur bourgeoisisme repoussent la révolution.

Gambetta et Comp. savent que Palikao, Jérôme David et Chevreau, profitant de leur position, intriguent avec Mac-Mahon et Bazaine pour sauver l'empire, s'il est possible, et, en cas d'impossibilité, pour sauver au moins la monarchie en la transformant en royaume avec la dynastie des Bourbons ou des Orléans ; ils savent que le trop éloquent et parlementaire Trochu intrigue avec le père du parlementarisme, Thiers, et avec le taciturne Changarnier, pour le rappel direct des |8 Orléans. Gambetta sait tout, voit tout, mais il les laisse, étant trop patriote lui-même pour se permettre même une intrigue en faveur de la république. Il pousse cette renonciation patriotique si loin, qu'il permet même à ses nouveaux amis de la réaction bonapartiste, devenus tout-puissants depuis que les événements ont démontré leur impuissance à gouverner la France, de démolir et de décapiter le parti républicain, en suspendant ses deux journaux principaux, le Réveil et le Rappel, les seuls qui aient osé dire la vérité sur les événements qui se passent à la France et aux habitants de la France.

Le mensonge officiel est aujourd'hui plus que jamais à l'ordre du jour à Paris et dans toute la France. On trompe cyniquement, systématiquement la nation tout entière sur l'état réel des affaires. Au moment où l'armée française est battue et plus qu'à moitié détruite, alors que les Prussiens continuent leur marche victorieuse sur Paris, Palikao vient parler des victoires de Bazaine au Corps législatif, et tous les journaux de Paris, sachant la vérité, répètent ces mensonges, - toujours par patriotisme, car le mot d'ordre à présent dans tout le pays, c'est de sauver la France par le mensonge. Gambetta et Comp. savent tout cela, et non seulement ils se taisent, mais ils sanctionnent le mensonge officiel, par les expressions hypocrites d'une confiance et d'une joie qu'ils sont bien loin d'éprouver. Pourquoi le font-ils ? Parce qu'ils sont convaincus que si le peuple de Paris et de la France tout entière savait la vérité, il se lèverait en masse : ce serait la révolution ; et par patriotisme aussi bien que par bourgeoisisme, ils ne veulent pas de la révolution.

L'armement de la nation résolu et transformé en loi par le Corps législatif et par le Sénat, celui des gardes nationales et des gardes mobiles ne se fait pas du tout. Le peuple français reste complètement désarmé devant l'invasion étrangère. Gambetta et compagnie ne peuvent l'ignorer, puisque même les journaux |9 réactionnaires de Paris le disent. Voici ce que dit la Presse du 24 août :

« La garde mobile est à peine organisée dans un tiers des départements ; la garde nationale sédentaire n'est armée nulle part si ce n'est à Paris. »

Et dans un autre article :

« Il y a dans les bureaux de l'administration de déplorables traditions, des règlements surannés. Nous voyons d'un côté la routine administrative et trop souvent l'affaissement d'esprit de certains employés haut placés, et de l'autre l'enthousiasme ardent et résolu des populations... Des chefs de service, très inférieurs à la gravité des circonstances, semblent multiplier les obstacles et les lenteurs par leur fastidieuse paperasserie et le mauvais accueil qu'ils font aux populations. »

Voilà ce qui se passe dans les provinces. À Paris, menacé du plus terrible danger, à Paris, sous les yeux de ces lâches républicains, c'est la même chose. Voici ce que j'ai trouvé dans une Adresse de la troisième circonscription électorale de Paris au général Trochu (du 23 août) :

« Les administrations routinières, jalouses et formalistes semblent opposer une force d'inertie invincible aux légitimes impatiences de la population parisienne. De très nombreuses inscriptions sur les listes de la garde nationale sont restées sans aucun résultat. L'armement se fait avec une lenteur désespérante, et l'organisation des cadres ne paraît pas être des plus avancées... Nous appelons votre attention, général, sur cet état de choses sipeu en rapport avec la gravité des circonstances. Il est temps de mettre à profit toutes les forces vives de la capitale. Plus de méfiances, plus de haines, plus de craintes. »

Mais le général Trochu, aussi bien que Palikao et [que] Chevreau, le ministre de l'intérieur, le jésuite et le favori de l'impératrice, ont un parti pris, conforme à leur situation, à leurs buts et à leurs opinions : celui de tuer systématiquement l'élan spontané de la nation. Cela se voit surtout dans les mesures qu'ils ont prises et qu'ils continuent de prendre par rapport à la garde mobile. Ayant acquis la conviction que cette institution, qui devait former un intermédiaire utile entre l'armement populaire et les troupes régulières, était infectée d'un profond sentiment anti-bonapartiste et en partie républicain, ils l'ont condamnée à mort, sans égard pour les services immenses qu'elle aurait pu rendre en ce moment à la défense de la patrie. Nous avons vu ce qu'on a fait des gardes mobiles réunies à Châlons, aussi bien que près de Marseille. Maintenant voici ce que dit la Presse, journal |10 réactionnaire. Après avoir annoncé que les départements de la Nièvre et du Cher viennent d'être mis en état de siège, elle observe que « ces mesures se multiplient depuis quelques jours. Le pouvoir ne devrait en user qu'avec beaucoup de discernement ; » et à l'appui elle raconte ce qui s'est passé à Perpignan : « Les élections municipales avaient eu lieu en France le jour même où l'on apprenait coup sur coup la nouvelle des désastres de Wissembourg et de Forbach. Le préfet de Perpignan avait cru prudent, pour ne point causer aux esprits une excitation trop grande, de retarder de vingt-quatre heures la publication de ces nouvelles. De là irritation profonde des populations et plus tard les désordres qui ont abouti au licenciement des gardes mobiles. »

Il est évident que c'est un parti pris de ne point armer la nation, parce que la nation armée, c'est la révolution, et comme Gambetta et Comp. ne veulent pas de révolution, ils laissent faire en silence le gouvernement réactionnaire.

Pressés sans doute par la partie la plus radicale de la population de Paris, qui commence à comprendre la vérité et à perdre confiance et patience, Gambetta et compagnie, appuyés par la gauche et même, dit-on, par le centre gauche, ont fait un suprême effort, en exigeant du gouvernement qu'il accepte dans le Comité de la défense de Paris, comme membres, neuf députés. Le gouvernement réactionnaire qui a tout de suite aperçu le guet-apens et qui ne se soucie pas du tout de voir s'établir, sur les ruines de sa Commission militaire, un Comité de salut public, s'y est absolument refusé. Mais, par esprit de conciliation, l'impératrice-régente vient de signer en Conseil de ses ministres, le 26 août, un décret [39] qui ordonne que les députés Thiers, marquis de Talhouet, Dupuy de Lôme, et les sénateurs général Mellinet et Béhic, feront partie du Comité de la défense de Paris. Le vieux renard Thiers a joué le « grand bêta », - et MM. Gambetta et Comp. se tairont, souffriront, parce qu'ils se sont livrés pieds et mains, enchaînés qu'ils sont par leur patriotisme et par leur bourgeoisisme.

Mais enfin qu'attendent-ils ? Qu'espèrent-ils ? Sur quoi comptent-ils ? Sont-ce des traîtres ou des sots ? Ils ont |11 fondé toutes leurs espérances sur l'énergie et le savoir-faire développés, à ce qu'il paraît, par Palikao et par Chevreau dans l'affaire de l'organisation d'une nouvelle armée, et sur le génie militaire de Bazaine et de Mac-Mahon.

Et si Mac-Mahon et Bazaine sont encore une fois battus, ce qui est le plus probabie, qu'arrivera-t-il ?

Palikao et Chevreau, dit-on, non contents d'avoir donné une nouvelle armée à Mac-Mahon, s'occupent maintenant de la formation d'une troisième armée. Ils viennent d'envoyer dans les départements dix commissaires pour en accélérer la formation. Ils ont présenté (le 24 août) au Corps législatif un projet de loi, déclaré d'urgence, et appelant sous les armes tous les anciens militaires de vingt-cinq à trente-cinq ans, mariés, tous les officiers jusqu'à cinquante ans, et tous les généraux jusqu'à soixante-treize ans. De cette manière on formera, dit la Liberté, une nouvelle et excellente armée de deux cent soixante-quinze mille soldats aguerris. - Oui, sur le papier.

Car il ne faut pas oublier que ceux qui sont chargés de la former ne sont point des commissaires extraordinaires de 1793, qui, entraînés eux mêmes et soutenus par l'immense mouvement révolutionnaire qui s'était emparé de toutes les populations, faisaient des miracles, - ce ne sont pas les géants de la Convention nationale, ce sont les préfets, les fonctionnaires et les administrateurs de Napoléon III, des voleurs et des gens ineptes, qui sont chargés de cette formation.

L'immense sottise, le grand crime et la grande lâcheté de Gambetta et Comp., c'est de n'avoir pas renversé le gouvernement impérial et de n'avoir point proclamé la République, il y a plus de quinze jours, lorsque la nouvelle de la double défaite des Français à Frœschwiller (Woerth) et à Forbach était arrivée à Paris. Le pouvoir était par terre, il n'y avait qu'à le ramasser. Dans ce moment ils étaient tout-puissants, les bonapartistes étaient consternés, anéantis. Gambetta et Comp., conseillés par leur propre patriotisme et par celui de Thiers, ont ramassé le pouvoir et l'ont remis à Palikao. Ces rhétoriciens, ces phraseurs d'une république idéale, ces bâtards de Danton, n'ont pas osé. Ils se sont rendu justice.

Depuis ce moment si propice et perdu à jamais, pour les Jacobins, non pour la révolution sociale, tout a marché à reculons, avec une | 12 logique désespérante. Il y a quinze jours personne n'osait prononcer le nom de Napoléon, et si ses partisans les plus dévoués en parlaient, ce n'était que pour l'insulter. Aujourd'hui, voici ce que j'ai lu dans la Presse du 24 août :

« L'Empereur est à Reims avec le Prince héritier, avec leur suite, dans une charmante villa de Mme Sinard, à quatre kilomètres de Reims. C'est là que lesouverain réside. Les autres villas de l'endroit sont occupées par Mac-Mahon, par le Prince Murat, etc. Les guides et les cent-gardes campent aux portes du château de la Molle, où se trouve le Prince Murat, etc. »

Et voici ce que dit le Bund, journal semi-officiel de la Confédération suisse :

« La droite (les Bonapartistes) semble vouloir tromper la population parisienne, jusqu'au moment où les Prussiens viendront assiéger Paris. Alors il sera trop tard pour faire un mouvement républicain, - et même dans le cas où l'empereur ne pourrait conserver la couronne, on pourrait la faire passer peut-être sur la tête de son héritier. »

En même temps, le prince Napoléon - Plon-Plon - arrive à Florence avec une mission extraordinaire près du roi d'Italie, non de la part du ministère, mais directement de la part de l'empereur Napoléon, - comme par le passé ; ce qui rend excessivement difficile la position des journaux démocratiques italiens qui voudraient bien prendre le parti de la France révolutionnaire envahie par les soldats du despotisme allemand, et qui ne le peuvent pas, parce qu'ils ne voient pas encore de France révolutionnaire, ils ne voient qu'une France impériale, à [la tête de [40]] laquelle se trouve l'homme le plus abhorré en Italie, Napoléon III. Voici ce que dit à ce propos, la Gazzetta di Milano du 26 août :

« Les Français continuent d'évoquer les souvenirs glorieux de 92. Mais jusqu'à présent nous n'avons encore rien vu en France qui nous montrât vivant ce grand peuple qui avait démoli le moyen âge, et le Corps législatif actuel |13représente encore moins, fût-ce en miniature, celui qui sut créer la victoire au milieu même des tumultes et du déchaînement révolutionnaire. Comment ! depuis quinze jours aucun n'ose plus parler de l'empereur, et s'il le fait, [il] rencontre le blâme universel ; depuis quinze jours, l'Europe sait que l'empire est tombé, chose qui est confessée même par les membres de la famille impériale (il paraît que Plon-Plon s'est exprimé dans ce sens à Florence) ; et ce généreux pays n'a pas encore dit sa parole, il n'a rien édifié sur les ruines qui se sont faites ; il pose toutes ses espérances sur tel ou tel individu, non sur lui-même ; et en attendant il s'assujettit à un gouvernement qui l'administre au nom de l'empereur, qui le trompe et le perd au nom de l'empereur ! Avec la meilleure volonté du monde, nous ne pouvons exprimer aucune sympathie, aucune confiance dans ce pays ! »

Voilà à quels résultats aboutit le patriotisme et l'esprit politique de Gambetta et compagnie. Je les accuse du crime de haute trahison contre la France, à l'extérieur aussi bien qu'à l'intérieur ; et, si les Bonapartistes méritent d'être pendus une fois, tous ces jacobins devraient l'être deux fois.

Ils trahissent évidemment la France à l'extérieur, parce que par leur abnégation patriotique, ils l'ont privée d'un soutien moral immense, - seulement moral dans les commencements, mais très matériel un peu plus tard. S'ils avaient eu le courage de proclamer la république à Paris, les dispositions de tous les peuples : italien, espagnol, belge, anglais et même allemand se seraient immédiatement changées en faveur de la France. Tous, sans excepter les Allemands, la masse des ouvriers allemands [41], auraient pris parti pour elle contre l'invasion prussienne. Et c'est quelque chose que cetappui moral des nations étrangères. Les Jacobins de 1793 le savaient, ils ne doutaient pas que cet appui constituait au moins la moitié de leur puissance. La révolution aurait immédiatement gagné l'Italie, l'Espagne, la Belgique,l'Allemagne, et le roi de Prusse, inquiété sur ses derrières par une révolution allemande mieux encore que par une armée française, se serait trouvé dans une position vraiment pitoyable. Mais ils n'ont pas osé ces bâtards de Danton, et tous les peuples, dégoûtés de tant de sottise, de lâcheté, de faiblesse, n'ont plus |14 pour la nation française que de la pitié mêlée de mépris.

Les jacobins ont trahi la France à l'intérieur, car en proclamant la république, sur les ruines du régime impérial, ils l'auraient électrisée et ressuscitée. Ils n'ont pas osé, ils ont cru très patriotique, très pratique, de ne rien oser, rien vouloir, rien faire, - et par là même ils se sont rendus coupables d'un crime abominable : ils ont laissé debout, ils ont soutenu de leurs mains l'édifice impérial qui tombait. Ils ont été eux-mêmes les victimes d'une illusion qui prouve leur sottise : parce que tout le monde autour d'eux avait dit : « L'empire est tombé », ils l'avaient cru réellement tombé, et ils ont cru prudent d'en conserver encore quelques jours le simulacre, afin de contenir leur bête noire : les révolutionnaires socialistes. Ils se sont dit : « Nous sommes maintenant les maîtres, soyons politiques, pratiques et prudents, pour empêcher le fatal déchaînement de la vile populace ! »

Et tandis qu'ils raisonnaient ainsi, les réactionnaires, les Bonapartistes d'abord, et avec eux les Orléanistes, tout étonnés de vivre encore, de ne point orner de leurs corps les lanternes de Paris, respirèrent, puis reprirent courage, et considérant bien leurs maîtres nouveaux, et s'apercevant qu'ils n'étaient que des professeurs de rhétorique et des ânes, ils finirent par s'asseoir dessus. Ils ont toute l'administration, la vieille administration, dans leurs mains, tous les moyens d'action, - et s'il est vrai que l'empereur voyage, l'empire, l'État despotique et plus centralisé que jamais, est debout. Et armés de cette toute-puissance, augmentée par l'élan du patriotisme national dévoyé, ils écrasent aujourd'hui et Paris et la France.

N'ont-ils pas osé mettre en état de siège... [42]. Et tandis que les journaux réactionnaires, comme la Presse par exemple, s'écrient hypocritement : « Dieu merci, le peuple français a pris en ses mains le soin de la défense du sol natal... Les citoyens se sont entendus, ils se concertent, ils s'organisent... Ce n'est plus le gouvernement seul qui est chargé de veiller pour nous, c'est nous-mêmes », - la triple incarnation de ce qu'il y a de plus canaille dans le régime de Napoléon III : Palikao, Chevreau et Jérôme David, servis fidèlement sous ce rapport par tous les préfets et sous-préfets de Napoléon III, restés tous en place, ont couvert d'un réseau |15 de compression plus réactionnaire que jamais tout le pays et l'ont réduit à une immobilité à peu près absolue, à une passivité qui ne diffère pas beaucoup de la mort.

Voilà comment le patriotisme des Jacobins a trahi et perdu la France. - Oui, perdu : car si la révolution sociale, ou le soulèvement immédiat, anarchique du peuple français ne vient pas la sauver, elle est perdue.

0) Palikao et Chevreau, ainsi que le Comité de défense de Paris avec Trochu à sa tête, déploient, dit-on, une activité énergique, admirable et infatigable pour l'organisation des moyens de défense. Soit. Mais est-ce que les Prussiens, de leur côté, ne s'organisent pas aussi, avec une activité et une énergie surprenantes ?

Car pour les Prussiens, il ne faut pas s'y tromper, aussi bien que pour les Français, l'issue triomphante ou désastreuse de cette guerre est une question de vie et de mort. En parlant des Prussiens, j'entends naturellement la monarchie, le roi et Bismarck, son premier ministre, avec toute cette masse de généraux, de lieutenants et de pauvres soldats qui sont à leur suite. Il est certain que la monarchie prussienne joue son va-tout. Elle a mis en jeu ses dernières ressources en argent et en hommes, les dernières ressources de l'Allemagne.

Si les armées allemandes allaient être battues, pas un seul de ces centaines de milliers de soldats qui ont mis le pied sur le territoire de la France ne retournerait vivant en Allemagne. Donc elles doivent vaincre et triompher jusqu'au bout pour se sauver. Elles ne peuvent pas même retourner après des victoires stériles, sans apporter avec elles de grandes compensations matérielles pour les pertes immenses qu'elles ont faites et qu'elles ont fait faire à l'Allemagne. Si le roi de Prusse retournait en Allemagne les mains vides, avec la seule gloire, il ne régnerait pas un jour, car l'Allemagne lui demanderait compte de ses milliers et dizaines de milliers d'enfants tués, estropiés, et des sommes immenses dépensées à cette guerre ruineuse et stérile. Il ne faut pas s'y tromper, la passion nationale des Allemands est montée à son plus haut diapason, il faut la satisfaire, ou bien tomber. Il n'y aurait | 16 qu'un moyen de la détourner, ce serait la révolution sociale ; mais c'est un moyen dont fort probablement le roi de Prusse ne se soucie pas beaucoup, et ne pouvant s'en servir, ne pouvant détourner la passion patriotique, unitaire et vaniteuse des Allemands, il doit la satisfaire, - et il ne peut la satisfaire qu'au détriment de la France, qu'en lui arrachant au moins un milliard, et deux provinces : la Lorraine et l'Alsace, et en lui imposant, pour se garantir contre ses vengeances à venir, une dynastie, un régime et des conditions telles, qu'elle soit affaiblie, enchaînée et empêchée de bouger pour longtemps. Car la presse allemande est unanime sur ce point, et elle a mille fois raison : que l'Allemagne ne peut pas faire tous les deux ans des sacrifices inouïs pour maintenir son indépendance. Il est donc absolument nécessaire pour la nation allemande, qui prétend occuper aujourd'hui la position dominante delà France en Europe, de réduire la France précisément à l'état dans lequel cette puissance a maintenu jusqu'à cette heure l'Italie, d'en faire une vassale, une vice-royauté de l'Allemagne, du grand Empire allemand.

Telle est donc la situation du roi de Prusse et de Bismarck. Ils ne peuvent pas retourner en Allemagne sans avoir arraché à la France deux provinces, un milliard, et sans lui avoir imposé un régime qui leur garantisse sa résignation et sa soumission. Mais tout cela ne peut être arraché à la France qu'à Paris. Les Prussiens sont donc forcés de prendre Paris. Ils savent fort bien que ce n'est pas facile du tout. Aussi font-ils des efforts inouïs pour doubler leur armée, afin d'écraser littéralement Paris et la France. Pendant que la France s'organise, la Prusse ne dort pas non plus, - elle s'organise aussi.

Voyons maintenant laquelle de ces deux organisations promet les meilleurs résultats.

Commençons par constater la position et la force respective des armées en présence.

Bazaine enfermé à Metz, quoi qu'on dise, n'a pas - |7 de l'aveu des journaux de Paris - plus de cent vingt mille hommes. Je crois qu'il lui en reste à peine cent mille, - mais accordons les cent vingt mille hommes. Dans quelle position se trouvent-ils ? Enfermés à Metz par une armée de deux cent cinquante mille hommes au moins, [à savoir [43]] par deux armées : celles du prince Frédéric-Charles et de Steinmetz qui se sont réunies, et auxquelles sont venus se joindre le corps de réserve de Herwart von Bittefeld (cinquante mille hommes) et l'armée du Nord commandée par Vogel von Falkenstein (au moins cent mille, - mettons-en cinquante mille), ce qui ferait ensemble cent mille [hommes [44]] de troupes fraîches ; et comme, au début de la guerre, le prince Frédéric-Charles avait cent quatre-vingt mille soldats et Steinmetz cent mille, - en tout deux cent quatre-vingt mille, - en évaluant même la perte de ces deux armées à quatre-vingt mille hommes, ce qui est énorme, il faut conclure que l'armée allemande réunie maintenant autour de Metz est au moins de trois cent mille hommes. Mais supposons-la forte seulement de deux cent cinquante mille hommes. C'est assurément le double, plus que le double de l'armée de Bazaine.

Bazaine ne peut rester longtemps à Metz, lui et son armée mourraient de faim et finiraient par devoir se rendre par inanition et par manque de munitions. Il doit absolument s'ouvrir un passage à travers l'armée ennemie deux fois [plus [45]] nombreuse. Il l'a tenté deux fois et deux fois il a été repoussé. - Il est évident aujourd'hui que la dernière bataille du 18 août, à Gravelotte, a été pour les Français une affaire désastreuse. Vaincus, découragés, abattus, mal organisés, mal administrés et mal commandés (car toute l'énergie de Bazaine n'a pu défaire en quelques jours le mal que le gouvernement de Napoléon a fait pendant vingt ans, - des administrateurs voleurs et incapables, des officiers braves mais ignorants, des colonels courtisans, ne peuvent pas être subitement remplacés par d'autres, d'autant plus qu'on ne saurait où prendre ces autres), commençant à souffrir déjà de la faim, car il n'y a pas de doute que toute l'armée enfermée à Metz se trouve déjà réduite à la portion congrue, les cent mille [hommes] de Bazaine se trouvent en présence de deux cent cinquante mille Allemands tous repus du pillage de la Lorraine et de l'Alsace et des immenses approvisionnements de toutes sortes qu'ils ont enlevés aux trois corps de Frossard, |18 de Du Failly et de Mac-Mahon (ils ont enlevé à ce dernier jusqu'à sa chancellerie, son trésor, et son portefeuille), imposant des millions de contributions en argent et des contributions immenses en provisions de toutes sortes aux habitants des villes ouvertes ; - encouragés, exaltés autant par ce pillage que par leurs victoires, les Allemands au contraire sont dans une disposition excellente. Ils sont commandés par des officiers excellents, savants, consciencieux, intelligents, aguerris, et dans lesquels la science et l'intelligence militaire s'unissent à un dévouement et à une discipline d'esclaves vis-à-vis de leur chef couronné. Ils marchent en avant comme des esclaves exaltés, consciencieux et fiers de leur esclavage, opposant à la brutalité ignorante des officiers français leur brutalité intelligente et savante. Ils sont commandés par des généraux également intelligents, et dont deux surtout,le général Moltke et le prince Frédéric-Charles, semblent compter parmi les premiers de l'Europe. D'ailleurs ils suivent un plan dès longtemps médité, combiné, et qu'ils n'ont pas eu besoin de changer jusqu'ici, - tandis que l'armée française, ayant été conduite d'abord sans plan, sans idée, réduite à l'extrême (sic), doit s'en créer un, inspiré par le désespoir, ce qui demanderait au moins du génie, et ni Bazaine, ni Mac-Mahon, tout excellents généraux qu'ils peuvent être, ne sont des hommes de génie. Je ne sais pas si Moltke est un homme de génie ; mais il est évident en tout cas qu'à défaut de génie, les Prussiens ont pour [eux] l'étude et la préparation et l'exécution intelligentes d'un plan établi qu'ils suivent systématiquement, joignant une grande audace à une grande prudence. Toutes les chances sont donc pour les Prussiens.

On dit que l'armée qui s'est reformée ou qui s'est formée de nouveau à Châlons est forte de cent cinquante mille hommes. Je ne crois pas qu'elle [en] compte plus de cent mille. Mais supposons-la forte de cent cinquante mille : l'armée du prince héritier qui s'avance sur Paris et qui a déjà pénétré à Châlons est forte de deux cent mille hommes. Dans tous les cas, elle est supérieure en nombre à l'armée de Mac-Mahon, elle est supérieure aussi par son organisation, par sa discipline, et surtout par son administration. L'armée de Mac-Mahon doit avoir tous les | 19 désavantages d'une armée fraîchement organisée. Elle vient d'abandonner Châlons pour marcher par Reims, Mézières et Montmédy au secours de Bazaine, - preuve que Bazaine se trouve dans une position très critique et qu'il est désormais incapable de se dégager lui-même.

Par ce mouvement stratégique, comme on le dit glorieusement dans les journaux de Paris, Mac-Mahon a découvert Paris. Et il n'y a plus de doute que le prince héritier marche résolument sur Paris, laissant à son cousin le prince Frédéric-Charles, à Steinmetz et à Vogel von Falkenstein le soin de tenir en échec les deux armées de Bazaine et de Mac-Mahon, mission dont ils ne manqueront pas sans doute de se tirer avec honneur, parce que les trois armées allemandes réunies et agissant de concert, en se donnant la main, présentent un nombre de combattants plus grand que celui des deux armées de Mac-Mahon et de Bazaine, comptées ensemble, armées qui sont d'ailleurs séparées et qui très probablement ne parviendront jamais à se joindre.

Pendant que ces trois armées allemandes tiennent en échec les deux armées françaises, le prince royal, à la tête de cent cinquante et probablement de deux cent mille hommes, marche sur Paris, qui n'a à lui opposer que trente mille hommes de troupes régulières, douze mille soldats de la marine distribués dans les forts, et quatre-vingt mille gardes nationaux à peine armés.

J'espère que Paris lui opposera une résistance désespérée, et j'avoue que c'est uniquement sur cette résistance que j'appuie actuellement mes propositions, mes projets. Mais je sais aussi que les Prussiens sont aussi intelligents et prudents qu'ils sont audacieux, qu'ils n'avancent jamais sans calcul et sans avoir préparé tous les éléments du succès. Et puis, Paris ne se trouve-t-il pas au pouvoir de la réaction, - et Dieu sait combien d'intrigants et de traîtres il | 20 se trouve à cette heure au milieu de Paris, au sein même du gouvernement ! Qui sait si les Prussiens n'ont pas des intelligences à Paris ?

Dans tous les cas, il est évident qu'au point de vue stratégique, tactique, en un mot de la position militaire, tous les avantages sont du côté des Prussiens, toutes les chances sont pour eux, - au point qu'on peut prouver mathématiquement, en ne considérant toujours la question qu'au point de vue exclusivement militaire, que les deux armées françaises doivent être détruites et que Paris doit tomber entre les mains des Prussiens.

Maintenant laissons de côté le point de vue militaire, et considérons cette lutte gigantesque entre deux grands États qui luttent pour l'hégémonie de l'Europe, entre l'Empire français et l'Empire allemand, sous le rapport économique, administratif et politique. Il n'est pas douteux que cette guerre est aussi ruineuse pour l'Allemagne que pour la France ; mais il est également certain aussi que la position économique de l'Allemagne, à cette heure, est mille fois préférable à celle de la France. Déjà par cette simple raison que la guerre se fait non en Allemagne, mais en France. Ensuite parce que l'Allemagne est cent fois mieux administrée que la France, qui se trouve pillée en ce moment et par les Allemands et par ses propres voleurs, par l'administration impériale.

La bonne organisation des forces nouvelles dont la formation sera sans doute imposée par cette guerre tant à l'Allemagne qu'à la France dépend de la bonté, de l'honnêteté relative, de l'intelligence, de l'énergie, du savoir-faire, de la bonne expérience et de l'activité des administrations. Eh bien, l'administration allemande est, au su de tout le monde, relativement excellente, l'administration française détestable. Cette dernière représente le maximum de la malhonnêteté, du pillage, de l'incurie et de l'inertie ; l'autre au contraire représente le maximum du travail consciencieux, de l'honnêteté relative, de l'intelligence et de l'activité. L'administration | 21 française, foncièrement démoralisée par vingt ans du régime impérial, l'est encore davantage par les désastres qui viennent de frapper la France et par l'agitation populaire qui en a été la conséquence partout. Elle est annulée depuis que le régime impérial est tombé de fait, sinon de droit. Elle ne croit plus à sa propre existence, c'est un sauve-qui-peut général ; et au milieu de cette confusion suprême, elle a perdu le peu de tête, de courage et d'énergie qu'elle avait, et elle n'a conservé qu'une seule faculté : celle de mentir et de piller. L'administration allemande est au contraire tout électrisée, elle est plus honnête, plus intelligente, plus énergique et plus active que jamais, et elle fonctionne non au milieu d'un pays envahi, mais d'un pays tranquille, plein de bonne volonté, soutenue par l'enthousiasme des populations. Donc, il est évident qu'elle créera, en moins de temps, davantage et mieux que l'administration française.

Au point de vue politique, tous les avantages sont également du côté des Allemands. Toutes les vieilles divisions du pays se sont effacées, évanouies, devant le grand triomphe de l'Allemagne unitaire. Les Allemands sont pleins d'enthousiasme, tous unis dans un même sentiment de vanité et de joie patriotique. Cette guerre est devenue pour eux une guerre nationale. C'est la race germanique qui, après tant de siècles d'abaissement, vient enfin prendre sa place en Europe comme Empire dominant, veut détrôner la France. Soyez-en certains, les ouvriers allemands eux-mêmes, tout en protestant de leurs sentiments internationaux, ne peuvent pas se garder contre les envahissements de cette contagion patriotique, de cette peste nationale. Cet enthousiasme qui frise la folie peut devenir un immense danger pour le roi de Prusse s'il retourne vaincu, ou même après des victoires stériles, les mains vides ; s'il n'arrache pas à la France la Lorraine et l'Alsace, s'il ne l'anéantit pas et ne la réduit pas à l'état de vassale de l'Allemagne. Mais dans cet instant, il est incontestable que cette disposition exaltée des esprits en Allemagne lui est d'un immense secours, lui permettant d'extorquer aux Allemands tous les soldats et tout l'argent dont il pourra avoir besoin pour mener à bonne fin ses victoires, ses conquêtes.

| 22 En présence de cette exaltation germanique, quelle est la disposition des esprits en France ? C'est l'abattement, le découragement, une prostration complète. C'est l'état de siège partout, partout les populations trompées, incertaines, inertes, paralysées, enchaînées.

Dans ce moment suprême où la France ne peut être sauvée que par un miracle de l'énergie populaire, Gambetta et Comp., toujours inspirés par leur patriotisme inséparable de leur bourgeoisisme, permettent à cette tourbe bonapartiste qui tient le pouvoir et toute l'administration en ses mains, de tuer définitivement l'esprit public en France.

Gambetta et Comp. livrent la France à l'ennemi.

On sent le dégoût, on a mal au cœur quand on lit les mensonges officiels et les expressions du patriotisme hypocrite des fonctionnaires français. Voilà ce que j'ai lu dans la Gazzetta di Milano :

« Paris, 25 août. - Le préfet du département de la Marne annonce que la partie septentrionale du cercle de Vitry est occupée par les forces prussiennes.Des ordres ont été donnés pour qu'on s'oppose à la marche de l'ennemi par tous les moyens possibles. LE PATRIOTISME DES POPULATIONS s'associe également à l'exécution des mesures prescrites, qui seront dirigées par des officiers du génie, » etc., etc.

Ainsi, voilà où l'on en est arrivé : le préfet d'un département, abandonné par l'armée de Mac-Mahon à l'envahissement de deux cent mille Prussiens, déclare qu'il a pris des mesures pour arrêter cette armée formidable, - et que le patriotisme des populations aide aussi quelque peu l'exécution des mesures énergiques qu'il vient de prescrire !

N'est-ce pas d'une sottise et d'une effronterie désespérantes, dégoûtantes ?

|23 Malgré l'infériorité évidente des deux armées françaises, il y aurait eu un moyen sûr d'arrêter l'ennemi et de ne point lui permettre d'approcher même des murs de Paris. Si on avait exécuté ce que les journaux de Paris avaient dit dans le premier moment de désespoir ; si, aussitôt que la nouvelle des désastres français était arrivée à Paris, au lieu de proclamer la mise en état de siège de Paris et de tous les départements de l'Est, on avait provoqué la levée en masse des populations de ces départements, si on avait fait des deux armées non l'unique moyen de salut, mais deux points d'appui pour une formidable guerre de partisans, de guérillas, de brigands et de brigandes si cela devenait nécessaire ; si on avait armé tous les paysans, tous les ouvriers, en leur donnant des faux à défaut de fusils ; si les deux armées, jetant de côté toute morgue militaire, s'étaient mises en rapports fraternels avec les corps francs innombrables qui se seraient levés à l'appel de Paris, pour s'appuyer mutuellement : alors, même sans l'assistance de tout le reste de la France, Paris serait sauvé, ou au moins l'ennemi arrêté assez longtemps pour donner le moyen à un gouvernement révolutionnaire d'organiser des forces formidables.

Mais au lieu de tout cela, que voyons-nous encore aujourd'hui, en présence d'un danger si terrible ? Vous savez que, depuis quelque temps, des journaux réactionnaires, la Liberté par exemple, ont demandé à hauts cris l'abolition de la loi qui interdit le commerce libre des munitions et des armes, en faisant un monopole que le gouvernement ne concède qu'à quelques privilégiés, des hommes sûrs. Ces journaux ont dit, avec raison, que cette loi qui avait été dictée par la défiance et qui n'avait qu'un seul but, celui de désarmer le peuple, avait eu pour conséquence : l'infériorité des armes, l'absence des armes, et l'inhabitude extrême du peuple français à manier les armes. Un député de la gauche, Ferry, ayant |24 proposé un projet de loi abolissant cette restriction si funeste de la liberté commerciale, la commission du Corps législatif, nommée comme toutes les commissions par la majorité Bonapartiste, recommanda à la Chambre de rejeter la proposition de Jules Ferry. Voilà donc l'esprit qui les anime encore aujourd'hui. N'est-il pas évident qu'ils ont la trahison dans le cœur ?

Je résume cette partie de ma lettre. De tout ce que je viens de dire et de prouver, il résulte évidemment :

Primo, que les moyens réguliers, les armées régulières ne peuvent plus sauver la France ;

Secundo, qu'elle ne peut plus être sauvée que par un soulèvement national.

Dans ma troisième lettre, je prouverai que l'initiative et l'organisation du soulèvement populaire ne peut plus appartenir à Paris, qu'elle n'est plus possible que dans les provinces.

|1 Continuation [46].

III

27 août.

Je crois avoir suffisamment prouvé que la France ne peut plus être sauvée par les moyens réguliers, par les moyens de l'État. Mais en dehors de l'organisation artificielle de l'État, il n'y a dans une nation que le peuple ; donc la France ne peut être sauvée que par l'action immédiate, NON POLITIQUE, du peuple, par le soulèvement en masse de tout le peuple français, s'organisant spontanément, de bas en haut, pour la guerre de destruction, la guerre sauvage au couteau.

Quand une nation de trente-huit millions d'hommes se lève pour se défendre, résolue de tout détruire et de se laisser exterminer avec tous ses biens, plutôt que de subir l'esclavage, il n'y a point d'armée au monde, si savamment organisée et munie d'armes extraordinaires et nouvelles qu'elle soit, qui puisse la conquérir.

Toute la question est de savoir si le peuple français est capable d'un tel soulèvement. C'est une question de physiologie historique nationale. Le peuple français est-il, par une série de développements historiques, sous l'influence du bien-être et de la civilisation bourgeoise, devenu un peuple bourgeois, désormais incapable de résolutions suprêmes et de passions sauvages, et préférant la paix avec l'esclavage à une liberté qu'on devrait acheter par d'immenses sacrifices, ou bien a-t-il conservé, sous les dehors de cette civilisation corruptrice, toute ou du moins une partie de la puissance naturelle et de cette sève primitive, qui en a fait une grande nation ?

Si la France n'était composée que de la bourgeoisie française, je n'hésiterais pas à répondre négativement, La bourgeoisie, en France aussi bien que dans presque dans tous les autres pays de l'Europe occidentale, constitue un corps immense, infiniment plus nombreux qu'on ne le pense, et qui pousse ses racines jusque dans le prolétariat, dont elle a passablement corrompu les couches supérieures. En Allemagne, malgré tous les efforts que se donnent les journaux socialistes |2 pour provoquer dans le prolétariat le sentiment et la conscience de son antagonisme nécessaire vis-à-vis de la classe bourgeoise (Klassenbewusstsein, Klassenkampf), les ouvriers, et en partie aussi les paysans, sont complètement pris dans les filets de la bourgeoisie, qui les enveloppe de toutes parts de sa civilisation et fait pénétrer son esprit dans leurs masses. Et ces écrivains socialistes eux-mêmes qui tonnent contre la bourgeoisie, sont de la tête aux pieds des bourgeois, - des propagateurs, des apôtres de la politique bourgeoise, et par une conséquence nécessaire, le plus souvent sans le savoir et sans le vouloir, les défenseurs des intérêts de la bourgeoisie contre le prolétariat.

En France, les ouvriers sont beaucoup plus énergiquement séparés de la classe bourgeoise qu'ils ne le sont en Allemagne, et ils tendent à s'en séparer chaque jour davantage. Pourtant l'influence délétère de la civilisationbourgeoise n'a pas laissé de corrompre un peu le prolétariat français. Cela explique l'indifférence, l'égoïsme et le manque d'énergie qu'on observe dans certains métiers beaucoup mieux rétribués que les autres. Ils sont à demi-bourgeois par intérêt et par vanité aussi, et ils sont contraires à la révolution, parce que la révolution sociale les ruinerait.

La bourgeoisie constitue donc un corps très respectable, très considérable et fort nombreux dans l'organisation sociale de la France. Mais si toute la France n'était que bourgeoisie, à cette heure, en présence de l'invasion prussienne qui marche sur Paris, la France serait perdue.

La bourgeoisie a survécu à son âge héroïque, elle n'est plus capable de résolutions suprêmes comme en 1793, car depuis cette époque, repue et satisfaite, elle descend toujours. Elle sacrifiera encore au besoin la vie de ses enfants, mais non sa position sociale et ses biens, pour la satisfaction d'une grande passion, pour la réalisation d'une idée. Elle acceptera tous les jougs allemands et prussiens possibles plutôt que de renoncer à ses privilèges sociaux, plutôt que de s'égaliser économiquement avec le prolétariat. Je ne dirai |3 pas qu'elle manque de patriotisme. Au contraire le patriotisme pris dans le sens le plus exclusif de ce mot est sa vertu exclusive. Sans vouloir en convenir jamais et souvent même sans qu'elle s'en doute elle-même, elle adore la patrie, mais elle ne l'adore que parce que la patrie, représentée par l'État et tout absorbée par l'État, lui garantit ses privilèges politiques, économiques et sociaux. Une patrie qui cesserait de le faire cesserait d'en être une pour elle. Donc, pour la bourgeoisie, la patrie, toute la patrie, c'est l'État. Patriote de l'État, elle devient l'ennemie furieuse des masses populaires, toutes les fois que, fatiguées de servir de chair à gouvernement et de piédestal passif et toujours sacrifié à l'État, elles se révoltent contre l'État ; et si la bourgeoisie avait à choisir entre les masses révoltées contre l'État et les Prussiens envahisseurs de la France, elle aurait certainement opté pour ces derniers, parce que, tout désagréables qu'ils sont, ils sont néanmoins les défenseurs de la civilisation, les représentants de l'idée de l'État, contre toutes les canailles populaires du monde. La bourgeoisie de Paris et de France n'a-t-elle pas opté, par cette même raison, en 1848, pour

Louis Bonaparte ? Ne conserve-t-elle pas encore le régime, le gouvernement, l'administration de Napoléon III, après qu'il est devenu évident pour tout le monde que ce régime, ce gouvernement et cette administration ont entraîné la France dans l'abîme [47], - la bourgeoisie de Paris et celle de la France entière ne les conserve-t-elle pas, seulement parce qu'elle craint, parce qu'elle sait que leur renversement serait le signal de la révolution populaire, de la révolution sociale. Et cette crainte est si puissante qu'elle la rend sciemment traître à la patrie. Elle est assez intelligente pour comprendre, et assez bien informée pour savoir que ce régime et cette administration sont incapables de sauver la France, qu'ils n'en ont ni la volonté, ni l'intelligence, ni le pouvoir, et malgré cela elle les maintient parce qu'elle redoute |4 encore plus l'invasion de la civilisation bourgeoise par la barbarie populaire, que celle de la France par les Prussiens.

Tout de même, la bourgeoisie, toute la bourgeoisie française se montre à cette heure sincèrement patriote. Elle déteste cordialement les Prussiens, et elle est disposée à faire de grands sacrifices, en soldats pris en très grande partie dans le peuple, et en argent dont le paiement retombera nécessairement tôt ou tard aussi sur le peuple, pour expulser l'envahisseur insolent et menaçant du territoire français. Seulement, elle veut absolument que tous les produits de ces sacrifices populaires et bourgeois soient concentrés exclusivement entre les mains de l'État, et qu'autant que possible tous les volontaires armés soient transformés en soldats de l'armée régulière. Elle entend que toute initiative individuelle d'une organisation extraordinaire soit financière, soit administrative, soit hygiénique, soit militaire quelconque, ne soit soufferte et permise qu'à condition qu'elle se soumette à la surveillance immédiate de l'État, et que les corps francs, par exemple, ne puissent s'organiser et s'armer que par l'intermédiaire et sous la responsabilité personnelle de chefs autorisés et patentés par l'État, de propriétaires ou de bourgeois bien connus, bien placés, de gentlemen ou d'hommes comme il faut, en un mot. De cette manière, les hommes du peuple qui feront partie des corps francs cesseront d'être dangereux. Plus que cela, |5 si leurs chefs gentlemen savent bien s'y prendre, s'ils savent bien les organiser, les mener, ils pourront tourner au besoin leurs corps francs contre une insurrection populaire, comme on l'a fait en juin 1848, avec les gardes mobiles de Paris [48].

Sous ce rapport, les bourgeois de toutes les couleurs, depuis les réactionnaires les plus arriérés jusqu'aux jacobins les plus enragés, sontunanimes : ils ne comprennent et ne veulent le salut de la France qu'au moyen et par le seul intermédiaire de l'État, de l'organisation régulière de l'État.

Les différences qui les séparent ne roulent que sur la forme, l'organisation, la dénomination de l'État, et sur les hommes auxquels sera confiée la direction de l'État, - mais tous veulent également la conservation de l'État, et c'est là ce qui les réunit tous dans une seule et même grande trahison de la France, qui ne peut plus être sauvée que par des moyens qui entraînent la dissolution de l'État.

Les impérialistes veulent, s'il est possible, la conservation de l'État impérial. Ils en désespéraient il y a quinze jours. Maintenant, grâce à la coupable lâcheté du parti radical, qui les a laissés exister, plus que cela, qui leur a laissé le pouvoir officiel, croyant qu'il ne |6 serait plus en leurs mains qu'un vain simulacre, utile pour éviter une révolution qu'il craignait, - maintenant les impérialistes relèvent la tête. Ils n'ont pas perdu leur temps, et pendant que les rhéteurs de la gauche, complimentés pour leur patriotique abnégation et modération, se prélassaient dans la contemplation vaniteuse de leur prétendu pouvoir et de leur générosité, Palikao le ministre de la guerre, Chevreau, le jésuite et le favori de l'impératrice, ministre de l'intérieur, Jérôme David, le ci-devant aide de camp de Plonplon, et Duvernois, le ci-devant confident de Napoléon III, profitant de leur position et du pouvoir immense que la centralisation leur donnait, étendirent un nouveau réseau sur toute la France, non pour accélérer la défense, l'armement, le soulèvement patriotique du pays, mais au contraire pour le comprimer et pour le paralyser dans les villes, et en même temps pour faire revivre dans les campagnes la pensée et les sympathies napoléoniennes. Ils se sont servis de leurs préfets et de leurs sous-préfets, de leurs maires, de leurs gendarmes et de leurs gardes-champêtres, et aussi du zèle très intéressé de messieurs les curés, pour faire dans tous les villages une immense propagande, représentant les communistes, les républicains et les orléanistes comme des traîtres qui ont livré l' empereur et la France aux Prussiens. Et grâce à l'ignorance crasse des paysans français, il paraît qu'ils ont assez bien réussi. Ils ont organisé dans les campagnes une sorte de terreur blanche contre tous les adversaires du régime impérial. Avez-vous connaissance du fait qui vient de se passer à la foire de Hautefaye [49]dans la Dordogne ? M. de Monéis fils, jeune homme de vingt-neuf ans, vient d'être brûlé vif par des paysans, pour n'avoir pas voulu crier Vive l'empereur !Voici ce que je viens de lire aujourd'hui dans l'Émancipation, journal républicain de Toulouse : « Les journaux d'abord (les Débats et le Figaro), et des lettres particulières ensuite, donnent de lamentables détails sur l'espèce de terreur impériale qui règne dans les campagnes. Partout, les citoyens connus par leurs idées démocratiques sont regardés de travers, menacés, et souvent même l'objet de voies de fait. On |7 dirait qu'un mot d'ordre a été lancé, car c'est partout la même inepte accusation d'avoir trahi l'empereur et livré la France à la Prusse. Les Débats donnent une lettre [d'un propriétaire [50]] de Bar-sur-Aube, et d'un autre propriétaire de Poitiers. Le Figaro parle d'une sorte de Jacquerie organisée en Picardie. J'ai reçu moi-même des lettres de plusieurs amis de la Charente-Inférieure, de l'Isère et de la Gironde. L'effroyable crime de Nontron n'est qu'un épisode parmi beaucoup de faits de la même nature. » Et voici ce que dit le Peuple français, ci-devant journal de M. Duvernois, aujourd'hui ministre : « Voici un fait qui est de nature à faire réfléchir les personnes qui affectent de traiter l'empire et l'empereur comme s'ils n'existaient plus. M. le comte d'Estournel, député de la Somme, s'étant récemment rendu dans son département, y donnait des nouvelles de la guerre à un groupe. « Et l'empereur ? » lui demanda-t-on avec empressement. - « L'empereur ? nous prononcerons sa déchéance. » La population, indignée, le roua de coups, et lui avait déjà mis la corde au cou pour le pendre, mais grâce à l'intervention... etc.... Nous sommes loin sans doute de justifier ces actes de violence, mais... etc. »

Voilà qui est clair, n'est-ce pas ? N'ai-je pas raison de dire que le ministère ne perd pas son temps ? Les bonapartistes reprennent décidément foi en eux-mêmes et dans le régime impérial. Maintenant voici ce que j'ai lu dans laLiberté : « Rouher, Schneider, Persigny, Baroche, et le général Trochu, assistent à tous les Conseils des ministres ». Enfin voici encore une correspondance de la Gazette de Turin : « Il paraît qu'une discussion assez sérieuse s'est élevée dernièrement entre le général Trochu et le comte de Palikao. Ce dernier voulait absolument éloigner la garde mobile de Paris, tandis que le général Trochu veut la garder. C'est l'impératrice qui avait obstinément exigé cette mesure du comte de Palikao. Elle ne peut pardonner à la garde mobile d'avoir insulté Napoléon III à Châlons, et craint qu'à la première circonstance elle ne se montre l'ennemie de la dynastie. Trochu ne voulait pas céder, Palikao insistait ; Thiers les a mis d'accord au nom de la patrie. Ce n'est pas la seule opposition que le général Trochu a rencontrée de la part du ministre de la guerre. Il voulait lever l'interdiction prononcée contre les quatre journaux radicaux, et demandait aussi la destitution du préfet de police, Piétri ; mais il dut y renoncer devant l'opposition obstinée des ministres. L'impératrice exerce à Paris la même influence funeste que celle que NapoléonIII |8 exerce à l'armée. Il est certain que la présence de l'empereur nuit beaucoup à l'action libre de Mac-Mahon, qui doit s'occuper beaucoup plus de la défense de la personne impériale que de la lutte avec l'ennemi. Il a été invité à se retirer, mais il s'obstine à rester, malgré que le mécontentement des soldats par rapport à lui croît chaque jour... Vous savez que Rouher, Baroche, Persigny, Granier de Cassagnac, Dugué de la Fauconnerie, l'ont visité à Reims... Il est évident qu'il existe un gouvernement personnel occulte, dont le gouvernement ostensible, autant qu'il le peut, est le très humble serviteur. »

Enfin la séance du Corps législatif (du 23 ou du 24) prouve que le ministère se croit assez fort pour pouvoir jeter le masque. Palikao a dit qu'en rejetant la proposition de Kératry (concernant les neuf ou trois députés, élus par la Chambre, à adjoindre au Comité de défense de Paris) -

qu'en rejetant cette proposition, « les ministres sont restés dans la légalité ». Et voici le résumé du discours de Duvernois ;

« La Chambre, en donnant sa confiance au ministère, nous donne la possibilité d'accomplir notre double tâche : celle de défendre la France contre l'invasion, et celle de défendre strictement l'ordre intérieur, parce que l'ordre à l'intérieur est la condition de notre sécurité contre l'ennemi. Nous ne pouvons nous associer à la proposition de M. de Kératry, parce que ce serait nous associer à la violation de la constitution qui vous protège, qui protège les libertés publiques, de la constitution que, sachez-le bien, nous ne laisserons pas violer, par quelque pouvoir que ce soit. Nous ne sommes pas le ministère d'un coup d'État, pas plus d'un coup d'État parlementaire que d'un coup d'État monarchique. Nous sommes un ministère parlementaire. Nous voulons nous appuyer sur la Chambre, et rien que sur la Chambre » (Pas sur le peuple de Paris, mais sur cette Chambre, parce que l'immense majorité de cette Chambre est bonapartiste), « et permettez-moi de vous dire que notre respect pour la constitution, c'est votre garantie…

« Voix. - C'est une menace.

« DUVERNOIS. - Non, ce n'est pas une menace. Je veux dire seulement que nous avons le devoir, nous, gouvernement, de respecter la constitution en vertu de laquelle nous sommes le pouvoir, et en vertu de laquelle nous gouvernons…

« PALIKAO. - Les ennemis extérieurs, nous les combattrons, tant que nous [n'en aurons pas [51]] |9 délivré notre patrie. Les ennemis intérieurs seront réduits à l'impuissance. J'ai en main tous les pouvoirs pour cela, et je réponds de la tranquillité de Paris.

« THIERS. - M. le ministre du commerce a invoqué ici l'intérêt des institutions… La France combat pour son indépendance, pour sa gloire, pour sa grandeur, pour l'inviolabilité de son sol : à droite, à gauche, partout, voilà pourquoi nous combattons… Mais, de grâce, ne faites pas intervenir ici les institutions, vous nous forceriez de vous rappeler qu'elles sont, plus que les hommes, les auteurs de nos maux. »

Vous voyez donc que les bonapartistes n'ont pas encore abandonné leur partie, ils tiennent le pouvoir, et toute la gent innombrable d'une gigantesque administration, appuyée sur la gent cléricale, est à eux. Ils essaieront de faire couronner le prince impérial, et, s'ils ne le peuvent pas, ils profiteront de leur pouvoir pour se vendre bien cher aux Orléans.

La bourgeoisie légitimiste et orléaniste surtout, aujourd'hui beaucoup plus nombreuse que la bourgeoisie bonapartiste et la bourgeoisie radicale prises ensemble, se masque complètement derrière les phrases d'un patriotisme désintéressé, son temps, le temps des Orléans, n'étant pas encore venu, parce qu'il est tout à fait impossible pour ces derniers de revenir avec les Prussiens. D'ailleurs ils ne se soucient nullement d'accepter directement l'héritage de Napoléon III ; ils ne veulent ni de son héritage politique, ni de son héritage administratif, ni de son héritage financier, et cela pour beaucoup de raisons. D'abord, il leur serait excessivement désagréable s'ils devaient commencer leur règne par des mesures de terrorisme et de salut public, qui seront indispensables pour nettoyer la France de la vermine bonapartiste. Ils ne voudraient pas aussi commencer leur règne par la banqueroute, et la banqueroute sera inévitable pour tout État qui succédera au règne de Napoléon, aucun ne pouvant se fonder avec le déficit immense qu'il lègue à son successeur. Il y a déjà bien longtemps, depuis 1865 et 1864, que les orléanistes ont dit : « Il faut que les républicains viennent d'abord, qu'ils fassent table rase dans l'administration, qu'ils fassent surtout la banqueroute, - après quoi nous viendrons ». Je ne serais donc nullement étonné de Thiers, Trochu, Daru et tant d'autres se déclarant d'abord pour la République. Je suis même convaincu que, si l'occasion se présente, ils le feront. D'abord, cela se passera très bien ; ils seront sous le régime républicain des hommes possibles, utiles, et, soit directement, soit indirectement, ils conserveront une grande influence sur le gouvernement. Ils |10 ne craignent pas la République, et ils ont raison. Ils savent que la République de Gambetta et compagnie ne peut être qu'une République politique, excluant le socialisme, les masses populaires, et confirmant, renforçant même, ce sanctus sanctorum, cette citadelle de la bourgeoisie, l'État. Ils savent que cette République, précisément parce qu'elle se posera en ennemie du socialisme, battue en brèche par ce dernier, se verra bientôt forcée d'abdiquer au profit de la monarchie, - et qu'alors les Orléans pourront revenir en France, aux acclamations de la bourgeoisie française et de la bourgeoisie de l'Europe tout entière, comme des sauveurs de la civilisation et de la patrie.

Voilà dans toute sa vérité et son intégrité le plan des orléanistes. Donc nous pouvons les considérer maintenant, pour aujourd'hui seulement, comme des républicains sincères. Ils ne barrent pas le passage à Gambetta, ils le pousseront au contraire au pouvoir. Et je ne serai nullement émerveillé si nous apprenons demain, ou après-demain, que Gambetta et compagnie (les Picard, les Favre, les Jules Simon, les Pelletan, les Grévy, les Kératry, et tant d'autres) auront fait de concert avec Thiers et Trochu un coup d'État républicain, - à moins que Palikao, Chevreau, Duvernois et Jérôme David n'aient déjà pris des mesures si énergiques et si efficaces qu'un tel changement de scène serait devenu impossible. Mais je doute qu'ils puissent l'empêcher, si Gambetta s'entend avec Thiers et Trochu.

Nous arrivons donc au parti républicain radical jacobin, au parti de Gambetta.

NOTES

1. Cette première Lettre a été entièrement rédigée par moi, pour servir d'introduction. J'y ai fait entrer plusieurs phrases ou plusieurs idées empruntées à une lettre antérieure de Bakounine. - J. G.

2. Les deux premiers alinéas de cette Lettre II ont été rédigés par moi. - J. G.

3. Cet alinéa est emprunté, avec quelques changements, à la page 27 du manuscrit de Bakounine (ligne 4-20). Voir à l'Appendice, p.202, l. 12. - J. G.

4. Cette partie de la Lettre II, à d'ici jusqu'à la page 8, ligne 3, de la brochure (p. 87, dernière ligne, de cette réimpression), est empruntée, avec changements et suppressions, aux pages 34 (l. 25)-37 (l. 7), du manuscrit de Bakounine. Voir à l'Appendice, pages 211 (dernière ligne)-215 (l. 9). - J. G.

5. Mot omis dans la brochure. - J. G.

6. Ici, le texte de la brochure, qui a suivi le manuscrit de Bakounine jusqu'à la ligne 7 de la page 37 de ce manuscrit, l'abandonne pour un instant. Puis, après une intercalation empruntée aux pages 54-56, la brochure reviendra à la page 37 en continuant par la ligne 26 de cette page. - J. G.

7. Cet alinéa, rédigé par moi, sert de transition pour amener un extrait des pages 54-56 du manuscrit de Bakounine, relatif à une lettre de Gambetta, - J. G.

8. Ce passage, jusqu'à la page 9, ligne 22, de la brochure (p. 90, l. 9, de cette réimpression), est extrait de la première partie d'une longue note qui occupe le bas des pages 54-57 du manuscrit de Bakounine. - J. G.

9. Cet alinéa n'est pas tiré du manuscrit de Bakounine. Je l'ai rédigé pour relier l'alinéa précédent (extrait des pages 54-56 du manuscrit) à l'alinéa suivant de la brochure (qui nous ramène à la p. 37, l. 26, du manuscrit). - J. G.

10. Cet alinéa, les deux suivants, et la première phrase du quatrième,

sont tirés, avec des suppressions, des pages 37 (l. 26)-38 du manuscrit de Bakounine. Voir à l'Appendice, pages 215 (dernière ligne)-217 (l. 11). - J. G.

11. Ici, le texte de la brochure va sauter brusquement, après une phrase servant de transition, de la page 38 du manuscrit de Bakounine à la page 42 (l. 1) de ce manuscrit.

12. La fin de la Lettre II, à partir d'ici, est tirée de la page 42 du manuscrit de Bakounine. Voir l'Appendice, p. 221, dernière ligne. - J. G.

13. Le début de cette Lettre III, correspond au haut de la p. 43 du manuscrit de Bakounine, avec quelques changements ; il reproduit ensuite les pages 44 et 45, jusqu'à la ligne 10 de la page 45. Voir à l'Appendice, pages 221 (dernière ligne)-225 (l. 20). - J. G.

14. Ces sept dernières lignes sont de moi, et remplacent, en la modifiant, une pensée de Bakounine que j'avais jugée impossible à publier (lignes 11-24 de la p. 45 du manuscrit) ; voir Appendice, pages 225 (l. 23)-226 (l. 5). Tout le développement qui suit dans le manuscrit a été supprimé, de la ligne 25 de la page 45 jusqu'à la ligne 2 de la page 47 de Bakounine : voir à l'Appendice, pages 226 (l. 6)-227 (l. 25). - J. G.

15. Le texte de la brochure reprend à la ligne 2 de la page 47 du manuscrit de Bakounine, qu'il reproduit jusqu'à la première ligne de la page 48 de ce manuscrit, correspondant à la ligne 6 de la page 98 de cette réimpression : voir à l'Appendice, pages 227 (l. 26)-229 (première ligne). - J. G.

16. Il y a ici une transposition. Cet alinéa reproduit un passage du manuscrit de Bakounine allant de la page 39, ligne 33, à la page 40, ligne 16. Voir à l'Appendice, pages 219 (l. 12)-220 (l. 8). - J. G.

17. Autres transposition. L'alinéa qui commence ici est emprunté, avec modifications, à un passage de la page 38 du manuscrit de Bakounine, lignes 30-36. Voir à l'Appendice, p. 217 (lignes 23-28). - J. G.

18. La brochure revient ici à la page 48 du manuscrit de Bakounine. Supprimant les cinq premières lignes de cette page, elle commence à la ligne 6, et la Lettre III s'achève à la page 53, ligne 11, de ce manuscrit. Voir à l'Appendice, pages 229 (l. 8)-235 (l. 15). - J. G.

19. J'avais remplacé par ce court alinéa, rédigé par moi, tout le développement contenu dans les deux alinéas correspondants du manuscrit de Bakounine, de la page 51, ligne 21, à la page 52, ligne 21. Voir à l'Appendice, pages 233 (l. 16)-234 (l. 22). - J. G.

20. Le commencement de cet alinéa correspond à la ligne 22 de la page 52 du manuscrit de Bakounine. À partir d'ici., la brochure - fin de la Lettre III et commencement de la Lettre IV jusqu'à la p. 106, dernière ligne, de cette réimpression - reproduit presque sans changement le texte de Bakounine. Voir à l'Appendice, pages 234 (l. 23)-236 (l. 21). - J. G.

21. Le début de la Lettre IV est tiré des pages 53 (l. 11) et 54 (jusqu'à la ligne 12) du manuscrit de Bakounine. Voir à l'Appendice, pages 235 (l. 19)-

236 (l. 21). - J. G.

22. Dans le manuscrit de Bakounine vient ici, page 54, lignes 12 et suivantes, un passage que j'ai supprimé, et une longue note qui le complète et qui s'étend au bas des pages 54-57. J'ai intercalé une partie de cette note, relative à une lettre de Gambetta, dans la Lettre II, pages 88 (l. 7)-90 (l. 9) de cette réimpression. - J. G.

23. Le texte de la brochure reprend à la ligne 12 de la page 55 du manuscrit de Bakounine. Voir à l'Appendice, p. 239, l. 5. - J. G.

24. Cet alinéa, rédigé par moi, remplace et résume un long développement sur la guerre civile, qui s'étend de la ligne 5, page 61, à la ligne 28, page 62, du manuscrit de Bakounine. Voir à l'Appendice, pages 243 (l. 13)-245 (l. 9). - J. G.

25. Cette dernière partie de la Lettre IV correspond à la partie du manuscrit de Bakounine qui va de la page 62, ligne 29, à la page 64, ligne 10. Voir à l'Appendice, pages 245 (l. 10)-247 (l. 5). - J. G.

26. Ce premier alinéa est de moi. - J. G.

27. La Lettre V, à partir du second alinéa, correspond à la partie du manuscrit de Bakounine allant de la ligne 11 de la page 64 à la ligne 5 de la page 67. Voir à l'Appendice, pages 247 (l. 6)-250 (l. 19). - J. G.

28. Les deux premiers alinéas de cette Lettre VI sont de moi. - J. G.

29. La brochure saute ici à la page 78, ligne 19, du manuscrit de Bakounine (voir à l'Appendice, p. 264, ligne 23), omettant complètement - sauf quelques passages des pages 75 et 76 qui seront utilisés dans la conclusion - tout ce qui est compris entre la ligne 5 de la page 67 et la ligne 19 de la page 78. Dans cette partie omise se trouve un morceau remarquable (pages 69 et suivantes du manuscrit) où Bakounine démontre aux ouvriers français qu'ils ont le devoir de défendre la France ; voir à l'Appendice, pages 252 (l. 29)-260 (dernière ligne). - J. G.

30. Ici, à la ligne 30 de la page 80 du manuscrit de Bakounine, la brochure cesse de suivre ce manuscrit, qui s'achève une page plus loin (p. 81). Voir à l'Appendice, p. 267(l. 19 ;) - J. G

31. Cet alinéa et le commencement du suivant ont été rédigés par moi pour servir de transition entre ce qui précède et ce qui va suivre. - J. G.

32. À partir d'ici, le texte imprimé correspond, jusqu'à la page 133, ligne 4, de cette réimpression, au contenu des pages 14 (l. 1)-22 (l. 2) du manuscrit de Bakounine. Voir à l'Appendice, pages 184 (dernière ligne)-196 (l. 1) - J. G.

33. Cet alinéa sur les commissaires de 1848 est beaucoup plus développé dans le manuscrit de Bakounine. Voir à l'Appendice, p. 190 (l. 3). - J. G.

34. La courte phrase qui suit résume un développement beaucoup plus étendu qui, dans le manuscrit de Bakounine, termine l'alinéa. Voir à l'Appendice, p. 195, l 13. - J. G.

35. Tout le reste du texte de la brochure, à partir d'ici, a été rédigé par

moi ; j'ai utilisé par endroits quelques phrases des pages 75 et 76, et de la page 23, du manuscrit de Bakounine. Voir à l'Appendice, pages 260 (l. 6)- 262 (l. 20), et 197 (lignes 18-23). - J. G.

36. Moins les pages, envoyées à Ozerof, dont il est question dans la lettre à Ogaref du 11 août 1870 (voir p. 72), pages qui sont perdues. Voir, sur le motif qui m'a décidé à placer, à la suite de la reproduction du texte de la brochure, la réimpression littérale et complète du manuscrit original, l'Avant-propos(pages 71-77). - Les chiffres, appuyés sur une barre de séparation, qu'on trouvera dans le texte, indiquent le commencement des pages du manuscrit. - J. G.

37. En écrivant ce « I° », Bakounine avait naturellement l'intention de le faire suivre, plus loin, d'un « II° » ; mais on chercherait vainement ce « II » dans la suite de cette Lettre. On verra, à la fin de cette première Continuation (p. 24 du manuscrit, p. 165 du présent volume), qu'après avoir prouvé, dans la première partie (perdue) et dans la seconde partie (Continuation) de sa Lettre, que « les moyens réguliers ne pouvaient plus sauver la France », et « qu'elle ne pouvait être sauvée que par un soulèvement national », il annonce que, dans une troisième partie (qu'il appelle « troisième lettre »), il prouvera que « l'initiative et l'organisation du soulèvement populaire ne peut plus appartenir à Paris et n'est possible que dans les provinces » ». C'est donc cette troisième partie (Continuation, III) qui forme le « II° » implicitement promis par le « I° » écrit à la première page de la présente Continuation. - J. G.

38. Mots omis dans le manuscrit. - J. G.

39. Cette allusion à un décret signé le 26 août montre que cette partie de la lettre a dû être rédigée le 27. - J. G.

40. Mots omis dans le manuscrit. - J. G.

41. Au commencement même de cette guerre, dans tous les journaux socialistes allemands, dans tous les meetings populaires tenus en Allemagne, on avait unanimement acclamé cette pensée, « que si les Français renversaient Napoléon et sur les ruines de l'empire établissaient l'État populaire (Volksstaat), toute la nation allemande serait pour eux ». (Note de Bakounine.)

42. Ici un mot illisible, et peut-être un ou deux mots omis. - J. G.

43. Mots ajoutés, manquant dans le manuscrit. - J. G.

44. Mots ajoutés, manquant dans le manuscrit. - J. G.

45. Mots ajoutés, manquant dans le manuscrit. - J. G.

46. Avec cette Continuation, III, recommence une nouvelle pagination du manuscrit. - Les treize premières pages de la Continuation, III, - qui occupent les pages 166-184 de cet Appendice, - n'ont pas été imprimées dans la brochure de 1870. C'est seulement à partir de la page 14 que le manuscrit a été utilisé, avec des modifications et des suppressions. - J. G.

47. Lisez le discours, les aveux de Gambetta, dans la séance du 23 août

au Corps législatif. Ils sont du plus haut intérêt et viennent à l'appui de tout ce que j'ai dit :

« GAMBETTA. - Il est très certain que lorsqu'un pays comme la France traverse l'heure la plus douloureuse de son histoire, il y a un temps pour se taire. » (Excuse ridicule de son inaction inexcusable.) « Mais il est évident qu'il y a aussi un temps pour parler. » (C'est lorsqu'il est devenu évident que Palikao, Trochu et Thiers, qu'il avait sottement, traîtreusement soutenus jusque-là, ne veulent pas l'accepter dans le Comité de défense. Avant, il avait trouvé utile et bon qu'on trompe et qu'on paralyse l'action du peuple parisien, au nom du patriotisme. Il avait trempé dans le mensonge officiel, maintenant il proteste.) « Eh bien, croit-on que la clôture qui est réclamée par M. le ministre et à laquelle nous nous résignons depuis quelques jours (Interruption) soit véritablement une réponse digne du peuple, au milieu de ses anxiétés et de ses angoisses ? (Bruyantes interruptions). Si vous n'avez pas d'angoisses, vous qui avez attiré l'étranger sur le sol |4 de la patrie… (Vive approbation à gauche. Bruyantes acclamations et cris : À l'ordre ! à l'ordre !)

« LE PRÉSIDENT. - M. Gambetta entend les protestations que ses paroles soulèvent… « GIRAULT (le paysan). - Oui, nous voulons protester, notre silence n'a que trop duré.

« ROUXIN. - Ce n'est plus de la discussion, c'est de l'injure…

« VENDRE. - Et l'injure la plus grave qu'on puisse faire à la Chambre…

« UNE VOIX. - C'est la guerre civile !

« LE PRÉSIDENT. - Il ne peut être permis de troubler le pays par des paroles pareilles…

« GAMBETTA. - La guerre civile, dit-on. Je n'ai jamais hésité à flétrir, à condamner les moyens qui ne sont pas reconnus par la loi ! » (Le voilà l'avocat et le bourgeois moderne tout à la fois.) « Le patriotisme ne consiste pas à endormir les populations » (Et pourtant pendant plus de quinze jours il a donné la main à ceux qui les ont endormies), « à les nourrir d'illusions, il consiste à les préparer à recevoir l'ennemi, à le repousser, ou à s'ensevelir sous les décombres. Nous avons fait assez de concessions. » (Beaucoup trop !), « assez longtemps nous nous sommes tus » (Trop longtemps, et aujourd'hui le temps des Gambetta est passé sans retour), « Le silence a jeté un voile sur |5les événements qui se précipitent… Je suis convaincu que le pays roule, sans le voir, vers l'abîme ! (L'ordre du jour ! l'ordre du jour !)

« LE PRÉSIDENT. - Je demande à M. Gambetta de ne point soulever de discussions sans motifs et sans conclusion possible.

« GAMBETTA. - Il ne peut y avoir de discussion plus utile que celle qui consisterait à se rendre virilement compte de la situation.

« CHAMPAGNY. - Et à la faire connaître à l'ennemi.

« GAMBETTA. - Il y a longtemps que nos ennemis la connaissent, c'est nous qui ne la connaissons pas.

« ARAGO. - On demande des armes, vous envoyez dans les départements des conseillers d'État !

« GAMBETTA. - Quant à moi, messieurs, j'ai le sentiment de ma responsabilité. Ma conscience me dit que la population de Paris a besoin d'être éclairée, et ce que je veux, c'est l'éclairer. (L'ordre du jour ! l'ordre du jour !) »

Il est évident que Gambetta a pris maintenant la résolution mais trop tard, d'initier la politique jacobine. Rien de plus amusant que de voir l'effroi causé par Gambetta à tous les journaux réactionnaires de France, et d'Italie aussi. (Note de Bakounine.)

48. Russe, je me vois dans la nécessité désagréable de prémunir mes amis, les socialistes révolutionnaires français, contre les chefs polonais. Je connais une masse de Polonais, et je n'ai rencontré parmi eux que deux ou trois socialistes sincères. L'immense majorité est nationaliste enragée. L'immense majorité de l'émigration polonaise était dévouée jusqu'à ce dernier jour aux Napoléons, parce qu'elle avait espéré follement que des Napoléons viendrait la délivrance de leur patrie. Les Polonais sont des conservateurs par position et par tradition. Les plus avancés sont des démocrates militaires. Leurs journaux les plus rouges repoussent unanimement le socialisme, que presque tous les Polonais ont en horreur, - moins le peuple polonais sans doute, qui n'a encore jamais eu ni de voix, ni d'action, et dont les instincts sont socialistes, comme en général les instincts et les intérêts de toutes les masses populaires. (Note de Bakounine.)

49. Canton et arrondissement de Nontron : d'où le nom de « crime de Nontron » par lequel cet atroce assassinat sera désigné plus loin. - J. G.

50. J'ajoute les mots entre crochets, que le sens paraît appeler. - J. G.

51. Les mots entre crochets, omis par Bakounine, sont suppléés par moi d'après l'indication que fournit le sens. - J. G.

www.ingramcontent.com/pod-product-compliance
Lightning Source LLC
Chambersburg PA
CBHW070616290526
45790CB00002B/928